唐蘭全集

五

古文字學導論

上海古籍出版社

古文字學導論

秀水唐蘭

目録

自敘

這本書在很短的時期內居然寫成了。蒙馬叔平沈兼士兩先生的好意，都答應替我做序，我自己已想不寫序文了，但因還有些話須交代，所以重提起筆來做這照例的題目。

這書本是唐氏古文字學七書裏的一種，七書的名稱是：

一　古文字學導論

二　殷虛甲骨文字研究

三　殷周古器文字研究

四　六國文字研究

五　秦漢篆研究

六　名始

七　說文解字箋正

著者最先是治說文的，曾做過說文注四卷，未完成，稿本今陷在遼寧。其後治金文，又後治甲骨文，又後十餘年，始決采甲骨、金文、六國文字及秦篆來作名始，用以代說文。又後兩年，稿已略具，但自己覺得是失敗的，因為把許多不同時代的材料，驟然合併，易致混亂；每一系文字沒有經過嚴密整理，驟然論述，難免錯誤。因又改變方針，先將每一系文字單獨研究，等獲到結果後，再合併起來組成全部的歷史，就是名始。因為名始裏面所用的系統和方法大都是前人所沒有知道的，所以想把名始裏的體例，寫出一部古文字學導論來放在最前。又因為名始裏不能完全舉出說文的得失，所以想另寫一部說文解字箋正來擱在最後。這是擬做七書的緣起。書的命名和編次，不無受了音學五書的影響，所以稱古文字學的緣故，是著者還想在這部分研究告一段落後，能有暇去研究近代文字。

著者原意，是把古文字學導論當名始的序例，但現在却提前發表了，這又是一次的變更計劃，是最近两年内的經驗所促成的。

前年的暑假，著者想用全力把殷虛文字徹底整理一下，經過两个多月，稍有一些頭緒，但到開學以後，忙於編講義和上課，就只好擱下了。寒假裏只略整理劉鶚王襄所藏的甲骨材料，就匆匆過去。十數年來，在甲骨文字裏的發見，不好算少，然竟沒有寫定的時間。因前人所稱已認識的文字，不過一千，中間有一部分是不足信的，根據我個人的方法，所識的字，幾可增加一倍，但要寫定成一個系統，卻異常困難。把一個確實可信的字所根據的材料蒐集一起，附上解釋，往往要費兩三天的工夫，要全部寫定，至少也得有三四年的閒歲月，一个以教課為生涯的人，打那兒去找這種福氣呢！再則，材料也真不易收集。明義士、劉晦之所藏，雖見了一部分，但沒有全；中央研究院發掘所得，除了已發表的小部分外，深扃固鐍，局外人無從得見，而等他們的總發表，又遙遙無期。這幾部很豐富的收藏，不能完全寓目，驟然寫定，也總是遺憾。於是，在上年的暑假，我又放棄了全部寫定的計劃，決定先寫出一部分，約百餘字，名為殷虛文字記，以後繼續寫的，自二記以至十記，最後再把来合成一個整部的殷虛文字研究。原来的龐大計劃，現在已縮無可再縮了。

但寫了一部分後，我就感覺到要能先寫一本導論，比這個工作，還切合現時的需要。以前，我只打算到怎樣去完成我的工作，工作完成以後寫出来的導論，當然要比現在所寫的好，但這工作要做多少年，到底能完成不能，都是我自己所不能解答的問題，那末，與其工作若干年還不能完成而寫出一部較好的，還不如現在先寫出来而慢慢地修改。因此，在秋季後，我就開始寫這本書，而把殷虛文字記移至今年秋後再寫定。

我所以要先寫這本書的原因，在引言裏已敘述過。古文字研究本是文字學裏最重要的一部分，但過去的文字學者對古文字無深切的研究，研究古文字的人又多不懂得文字學，結果，文字學和古文字研究是分開的。文字學既因語言音韻學的獨立而奄奄待盡，古文字的研究也因沒有理論和方法，是非漫無標準，而不能進步。這一層隔閡，多少年來，我就想設法打通的。要實現這个企圖，就得把我所持的理論，和所用的方法，寫了出來，和學者們共同討論，使古文字的研究，能成為科學。

近年來，考古學，古史學，語言音韻學等科，均有顯著的進步，這些學科和古文字俱有密切的關係，所以古文字的解釋，漸漸成為時尚。但古文字研究方面，若干年中，並沒有顯著的進展。專門的研究者除采用吳大澂，孫詒讓，羅振玉，王國維諸成說外，只有坐待着一兩字的意外發見。有一位學者曾屢次告訴我，認識古文字，用不到半年工夫，但除此以外，無事可做，這是此中的真實情形。

古文字的不可識和不可解釋的太多了，專門的研究者既不能饜足一般人的欲望，别人自然要來越俎代庖了。於是，有的人冥思默索，獨標懸解，有的人附會穿鑿自詡能事。因為這裡本沒有是非的標準，所以人人得自立其說，漸至毫無常識的人，也來著書立說以自躋於學者之列。而有些庸俗的學者，缺乏選擇的能力，一字的解說，兼采數說，莫衷一是，同一的偏旁，此從甲說，彼從乙說，而自為矛盾，使一般的讀者，目眩五色，不知所從。這些研究中間圓然也有很好的發明，却被這種混亂情形所掩蔽了。

有些學者瞧見這種混乱的狀態，看出了猜謎式方法的底蘊，就看低了古文字研究的價值。有些輕視，或是出於誤解，但古文字研究的本身，確有可被輕視的地方，這是應該自覺的。許多有志於研究古文字的人，他們企求把古文字認識或了解，單是前人成說是不夠的，而近來的新說，又是無所適從，他們勢必趨於拘守成說或恣意放言的兩條路上，這種情形，又是急需矯正的。所以，我不得不把這本書趕緊寫出來，以期建立起是非的標準，並開闢出研究這一學科的新途徑。

因為這樣，在本書裡不免要批評到許多學者的錯誤。這裡面很多是著者所敬服的前輩和密切的朋友。就如羅振玉先生，他對於著者的學業，曾有不少的鼓勵，他的一生著述和蒐集材料的盡力，在學術史上佔有重要的地位，甲骨學可以說他是手創的，但他那種考釋文字的方法是著者所不能完全同意的。著者雖已盡力避免指摘別人的地方，但有些說話是不容氣的，在這裡，我真誠地向諸位表示歉意。

同時，還要請學者們原諒，因為我所提到的只是不得不明的是非，並不是有意蹈文人相輕的惡習。雖則是非有時不易明，自我過強的學者架不住"非也"二字，可以立刻反脣相譏。郭沫若氏曾告訴我："昔人有一字之師，今人有一語之敵。"不過，治學問而至不敢明是非，還成什麼學問？學問本只是求真理，我們找出自己過去的不是，指摘別人的不是，同時也願意別人指摘我們的不是。

我這本書，很願意有人指摘其中的錯誤，但有一事得預先聲明。我所敘述的例證中，深明音韻學的人也許要指出若干條在音韻學上是講不通的。著者音韻學的知識極淺，不免有錯誤的地方。但在另一方面，著者沒有給音韻學裡許多規律所束縛，或更能適合於上古音的研究，正和研究古文字而不為六書說所束縛一樣。一般的研究古音，最早的只是周代的音，但從古文字的研究，卻可追尋出更早的音。"壴"和"喜"今音迴異，依我的聲化象意字規律，則"喜"字當從口壴聲，卜辭𡆥字（𡆥字今作囏）今作囏，就是一个很好的證據。"壴"、"鼓"和"鼔"，今音有別，依我的字形通借規律，"攴"和"支"是可以通用的。卜辭有鼓𡔷兩體，攴殳亦通用。但舊以𡔷為鼓，則誤，豈壴有別。又依聲化象意字規律，「鼓」和「鼓」都得從壴聲。「鼓」，「鼓」都象擊鼓，「壴」字實像鼓形，那末「壴」字本當讀若「鼓」，因為這是較近擊鼓的聲音。（例如：「磬」為擊磬音。）卜辭有一習語，曰：有（古㞢）𠦪，（祟）其㞢（有）來𡆥，舊來莫得其解，「𠦪」字舊或誤釋做「求」，郭沫若依孫詒讓釋做「𠦪」而改讀做「祟」，確是一個很好的發見，但𡆥字郭氏釋為「鼜」，卻和羅振玉所釋的「⿰亻壴」一樣，並沒有確實的理由。卜辭的𡆥字，有時寫作⿰壴刂和𡆥，我在最初治甲骨文字時，就釋做「⿰女壴」（嬉）、「⿰亻壴」（僖）、「⿰壴卩」三字，因同從壴聲，所以可通假。但卜辭的意義還不能明白。在前年整理時，才發見卜辭常見的「㞢來𡍬」見前編三卷廿四葉五片，五卷四十葉六及七片，四一葉一及二片，後編上卷三十葉三及四片，戩壽堂殷虛文字二六葉十一及十二片等。和「其㞢來𡍬」對文，「僖」、「鄯」、「𡍬」同從壴聲，故得通假。卜辭凡用「其㞢來𡍬」一語時，下文每言邦國的變故，郭氏說「𡍬」字必與希字相貫，而含凶咎之「意」，所見甚是。大誥說「寧王遺我大寶龜，紹天明即命，曰：有大艱于西土」，可以證明卜辭的「㞢來𡍬」，當讀為「有來艱」，是無疑的。說文「𡎸」，籀文艱，從「喜」，「𡎸」字何以從喜，前人都不能解，現在根据卜辭就可知「𡎸」本作「𡍬」，從壴聲，壴讀如鼓，故「𡎸」字音轉為「艱」，後來就改從艮聲。「壴」讀如「鼓」，能轉為「艱」音。例如「古」本作[illegible]，從口毌聲，毌本象盾形，今借「于」為「毌」，說詳本書下編四十葉和六十七葉。「古」「鼓」音同，「于」「𡔷」音近，所以變化的例同。關於此一點曾和魏建功氏討論甚久，附此誌謝。

「壴」、「喜」、「鼓」、「𡔷」，由現有的古音韻系統裡看起来，是狠有區别，但在古文字裡却顯然是同源的。鼓，鼓，𡔷，㚔，僖，鄯，嬉，𪔛，並從壴聲。嬉或作嬉，從喜聲，卜辭僅一見。現有的古音韻系統是由周以後古書裡的用韻，和說文裡的諧聲湊合起来的，要拿来做上古音的準繩是不夠的。所以，我們在整理古文字時，只須求合於自然的系統，而現有的古音韻系統，應暫摒諸思慮之外。只有這樣，才能找出上古音上的新問題来。如其不然，而以削足適屨為謹守繩墨，這就非著者所能知了。

這本書原來打算在名始做成後寫的，那至少須在十年以後，現在寫了出來，未免太早。從去年九十月之間，開始寫起，迄今年七月初完成，中間，我曾到南方去旅行一次，又生一回病，擱筆約有三月，實際寫了六个多月。這六月餘的時光，又要教書，又要寫別的講義，只有一部分的工夫，來寫這書，所以這書的寫成又未免太快。因此，本書裡的條例不能十分精密，舉的例證也有未恰當的，錯誤和疏忽自更難免，文筆也多生澀，這都是著者應向讀者致歉的。

我希望在這本書再版以前，把書裡的錯誤全

找了出來，可以逐漸修訂。如有可能的話，在再版時，還想附上一個索引。

二十四年七月十二日午夜寫竟

秀水唐　蘭

追記

因為種種原因，本書來不及等待馬沈二先生的序文，也不想附插圖，就發行了。這次本只印了二百部，所以假如有再版的機會，我是很想馬沈二先生能撥冗指正的。

在自序裏，關於𡛼字應讀為鼓的一點裏，漏了一些證據，恰是最重要的證據。卜辭習見的亡來𡛼鼓，有時作亡來𡛼，（戩二六、二片，戩三五、十二片，簠人一〇六片及一〇七片）郭沫若先生來簡反對此說，今得此鐵證，自信推論不誤。

十二月十二日唐蘭

上册

附上编正讹

古文字學導論

上册目錄

辛　形聲文字

壬　由近古文字到近代文字

附

上編正譌

古文字學導論

秀水 唐蘭

引言

這一本小册子，分做兩部分：第一部分，是由古文字學的立場去研究文字學，第二部分，是闡明研究古文字學的方法和規則。

這種工作，在現在是極重要的，但是還沒有人去做過。學者們老是躲在極狹小的範圍裏，做一些研究，以爲這是專門家應守的態度而關於這學科的全體，不加注意。坊間雖羅列着許多關于文字學的論著，多數是那班一知半解，或竟全無常識的人，所剽襲抄纂的，這當然不會有一貫的理論，或一定的標準，只是學校裡既已有了這種課程，不能不編些教科書來充數而已。

一種科學，應當有原理，方法和規則，沒有系統的理論，是無從定出標準來的，沒有標準，所用的方法，就難免錯誤。根據若干原則來建立一個系統，創立出許多方法和規則，這種方法或規則，應用時沒有矛盾，這才是科學；這才是學者們應肩的責任。

古文字學好像只是文字學的一支，但牠卻是文字學裡最重要的部分。一般人所講的文字學只在講小篆，——隸書以下，是不關緊要的，——但要拿小篆去探討文字發生和演變，錯誤是不能免的。所以要把文字學講好，就得先對古文字做一番深刻的研究。

但是從趙宋時就研究鐘鼎彝器文字，一直到近代，研究古文字的人可說不少，而古文字學卻始終不能被稱為一種科學。因為他們脫不了賞鑒古玩的習氣，——古文字的可貴，只是古，——這裡的方法，是神秘的，主觀的，可以任意推想而不需要客觀的標準。

反之，研究文字聲韻訓詁的學者們却大都停滯在那一條路上，許多傳統觀念曾經牢牢的束縛住他們。因古文字的發見，有許多舊觀念必須改正，但舊説是有系統的，改動了一部，就將和另一部分矛盾，而新的學説，——古文字學的系統還没有建設起來。他們感受到這種痛苦，因而只在岐路上徬徨。

近来學術界有一種風尚，崇信異國人所做的中國學術研究，而把自己的專門學者看成「東家丘」。

異國人的治學方法，可以欽佩的地方固然很多，但他們也有所短。即如語言和文字兩方面，語言聲韻是他們所能擅長的，文字訓詁却就不然。有些人瞧見異國人對語言聲韻研究得很有些成績，就去推崇這一類學問，因之文字學就不被重視，這種觀念是錯誤的。我們要糾正這種錯誤，就得趕快把古文字學的基礎建立起來，使牠成為一種科學。

這一本書，雖然不見得就能建立起古文字學的基礎，但我很自信，因為我在這上面是曾經殫竭過我的心力，並且此後我還繼續努力，只要因此而引起學者們的興趣去共同研究，那末，這礎石大概不難奠定吧！

上編

一　古文字學的範圍和其歷史

甲　古文字和近代文字的區別

「古文字」這个名稱，最初見於漢書郊祀志所說的張敞好古文字，漢時通常的稱謂，却只是「古文」。因為漢時通行的文字是隸書和小篆，這都是秦併天下以後才興起來的，所以把秦以前的文字，統叫做古文。那時所被稱為古文的，大概可以分做兩類。說文序說：古文孔子壁中書也。這是竹簡上的古文。張敞說：臣愚不足以迹古文。說文序也說：郡國往往於山川得鼎彝，其銘即前代之古文。這都是銅器款識裏的古文。

照一般人的看法，小篆在目前還和古文字對立，所以小篆以前的文字，才能稱為古文字。但是由文字學的眼光看來，小篆已應放在古文字的範圍裏去。從隸書到今隸，雖畧有異同，總是一脉相傳，而小篆却早已不是通行的文字了。雖則小篆的材料還沒有散佚，比古文字容易認識，但不能因此而叫做近代文字，我們只可叫牠做近古文字，因為嚴格地分析起來，牠實是古文字的最後雲仍，只有隸書才是近代文字的開山始祖哩。

乙　古文字的四系

對於古文字的研究，通常用器物來分類，例如：甲骨文字，銅器文字，匋器文字，古鉨文字，貨布文字。這種方法，在蒐集材料時，雖較方便，但於文字的時代不易劃清，同時代的文字不便比較，有些只一兩件器物的文字，更沒處安放。所以做文字學研究時，這種老方法應該放棄，而另用一種新的分類法。

新的分類法，應着眼於時代的區分，和地域的別畫。在現代已發見的古文字裡，我以為應分為四系：

一　殷商系文字，
二　兩周系文字，止於春秋末，
三　六國系文字，
四　秦系文字，

這四系中相互的關係雖很密切，但每一種文字自具牠的特殊性。

殷商文字是已發見的古文字裡最古的一系，

和原始文字較近，但形聲字已很多，一部分的文字已有譌變，像：變做，變做，譌成，譌成之類。兩周系文字，形聲字大增，而象形象意字日漸減少，幾等於消滅，文字的譌變則日漸加多。六國系文字，譌變最甚，同時又發現一種新的字體，即後世所謂"鳥蟲書"。秦系文字，大體是承兩周，但因日趨整齊的緣故，錯誤也就不少。

兩　古文字的材料

古文字材料的來源，有兩類，一是古書，一是古器物。古書材料雖多，但除了說文外，大都無從知道文字的時代。所以古文字的研究，應拿古器物做主要的對象。

殷商系文字，以殷虛的龜甲獸骨刻辭為主，有銘詞的銅器次之。在安陽所發掘出來的，還有幾塊寫卜辭而未刻的骨版，和二塊有文字的匋器，圖一此外，天津方氏還藏有一塊小玉。圖二

兩周系文字的材料，以銅器銘詞為主。此外，像考古圖著錄的石磬，和近代發見的土墳，圖三尚不多見。

六國系文字材料最繁襍。竹簡早已亡佚，現所

存在的，以銅器，兵器居多匋器，古鉨，封泥當附此貨布爰金當附此為主。此外，尚見過一個玉刀柲。圖四一些銀器。圖五

秦系文字，除銅器外，以刻石為重要材料。權量類文字多複。泉幣不多。鉨印和漢難別。

漢以後的銅器，碑刻，印章，凡作小篆或繆篆者，應附入秦系。

丁　古文字材料的發見和蒐集

在這裡，我不能把古器物發見史很詳細地寫出來。約略地說一下古文字材料的發見和蒐集，可以分做三個時期。

秦以前，許多文字還叫不得『古』，左傳說楚史倚相能讀三墳五典，八索，九邱等書，倚相能讀，而別人不能讀，那末，這種書或許是某種古文字寫成的。經過六國時長期的擾亂，和秦的統一，舊時紛歧的文字，完全消滅，代之而起的，是整齊畫一的小篆，和苟且艸率的隸書，因此，才把先秦文字叫做古文字。

漢初正當秦禁書之後，惠帝才除挾書之律，武帝才『開獻書之路，建藏書之策，置寫書之官。』那時，孔子宅壁中發見許多古文經，北平侯張蒼獻古文的春秋左氏傳，但這時的學者還沒有注意到古文字，所以這些書只靜靜地藏在祕府裏。一直到宣帝時的張敞，才好古文字。成帝時，劉向校中秘書，才用中古文的易和書來校今文。向子歆，才創議建立左氏春秋，毛詩，逸禮，古文尚書，而敞的外孫杜林是研究小學的先師，他在西州得漆書古文尚書一卷，後來傳給衛宏，古文因而盛行。宏做過詔定古文官書一卷，今亡。

漢世所存的古字書，有史籀十五篇，建武時亡六篇。又倉頡，爰歷，博學三篇，漢時併做一篇，三千三百字。楊雄做訓纂篇，推廣到五千三百四十字。許慎做說文解字，敘篆文，合以古，籀，共九千三百五十三字，又重一千一百六十三字。魏初傳古文的人，有邯鄲淳，淳有古文尚書的寫本。正始三體石經有尚書和春秋的古文。

晉時，汲縣發見竹書七十五卷，現存的只隸寫的穆天子傳五卷。南齊時，雍州發見竹簡書攷工記，今亡。

漢以後，雖曾發見銅器，像孔悝鼎，尸臣鼎，仲山甫鼎之類，但不多見，所以沒有人去蒐集那種文字。說文序裡雖提鼎彝，却沒有采用一字。總之，從漢到宋初，除了篆籀和竹簡古文外，只有杜撰的古字了。

郭忠恕做汗簡，是這一個時期的結束。

六朝以後，今隸通行，一般人都不知篆籀是什麼東西。唐時人只用說文字林來勘定今隸的字樣，至於篆書，却是書法家所研究的。李陽冰號稱中興篆籀，所藏的有古文孝經和衛宏官書合成一卷，但他所刊正的說文，錯誤很多，所寫的篆書，也很有紕繆。

唐初，汧陽刻石在天興縣發見，當時人稱為「獵碣」，後來又叫做「石鼓」，韋應物，韓愈都有石鼓歌。那時已懂得傳拓的方法，三字春秋石經有拓本十三帋，石鼓和許多秦刻石也都有拓本。嶧山刻石（見韋述西京記）給野火燒了，有棗木傳刻本。所以唐人講小學，常引到秦刻石。說文：「攸」字下有：「𣶒，秦刻石嶧山文攸字如此」的話，和說文詞例不合，也是唐時校說文的人所附記。（「也」下說：「𠃟，秦刻石也字」，亦後加。）

宋初，徐鉉摹寫嶧山刻石和會稽刻石（前有宋鄭文寶刻本，後有元申屠駉刻本。）又校正說文（鉉弟鍇先已做說文繫傳。）可以說後世古文字研究的先驅。其後又發見了詛楚文，初得大沈湫文於鄠，又得巫咸文於渭，最後得亞駝文於洛。（見廣川書跋）共三石。

開收藏古器物的風氣的人是劉敞，而首先集錄古器物和石刻銘拓的人是歐陽脩。敞輯所得十一器做先秦古器記，原是石刻，器形銘釋均完備。歐陽脩把銘和釋全收在集古錄裡。那時識古文字的人有楊南仲，歐陽脩常請教他，秦公鐘的銘是由他所刊的石本而傳佈的。

那時刻法帖的風氣很盛，所以銅器款識很多石本。繼劉歐而起的，有呂大臨的考古圖和趙明誠的金石錄，後來分成兩派。講金石的一派，總是石多於金，和古文字的關係較少。考古一派，專講古器物，後来有王黼等所編的博古圖録，和南宋時佚名氏的續考古圖，而王俅所做的嘯堂集古録却只收銘文。

薛尚功鐘鼎彝器款識原是石刻的法帖，所收的銘文較多。王厚之鐘鼎款識號為原拓，其實所輯的也大抵是石本。

因為古器物學發展的緣故，就有輯録古文字的書。夏竦的古文四聲韵，是拿汗簡来分韻編次的，已添了一些鐘鼎文字。到趙九成做考古圖釋文，也是用韵編次。以後像王楚的鐘鼎篆韻，薛尚功的廣鐘鼎篆韻，楊鉤的增廣鐘鼎篆韻一類的書，層見疊出，從元而明，而清，輾轉摹寫，書名愈多，但材料還是這一些。

古器物發現最盛的時期是北宋末年，南渡以後，中原陷於寇虜，古器物就不再發現。元明兩代，對古學都很疏，即有發現，也無人注意。一直到清汪立名輯鐘鼎字源，這是第二個時期。

元明時所發現的銅器，很有遺留下來，像白吉父盤，就是一例。這種古物，大抵都歸內府。清乾隆時，內府所藏很多，那時又常有新出土的古物，因是，高宗敎编、西清古鑑、寧壽鑑古、西清續鑑甲編、乙編等書。

西清四鑑裡、當時所印行的、只有古鑑、而且流布也不廣。嘉慶以後、私家的收藏日多、錢坫做了一部十六長樂堂古器款識、也很少傳布。煽動一時風氣的書、就是時代較後的積古齋鐘鼎款識、因為阮元是當時的經學大師、他用銅器銘識来講経学和小學、而且書裡所輯的材料也豐富、這種種都勝錢書、所以後来這一門學問的發展、是不能不歸功於他的。（阮氏還重刊宋代薛王兩款識。）

西清四鑑的編製，取法於博古圖，阮氏款識則取法於薛氏，繼錢阮而起的，有曹載奎的懷米山房吉金圖和劉喜海的清愛堂彝器款識法帖，則又取法於先秦古器記。後來吳榮光的筠清館金文，吳式芬的攈古録金文，都和阮書畧同，而攈古最善。吳雲的兩罍軒彝器圖釋，潘祖蔭的攀古樓彝器款識，吳大澂的恆軒所見所藏吉金録，劉喜海的長安獲古編等，都和曹書相似，但俱改用鏤板。劉心源的奇觚室吉金文述，開始采用石印，端方的匋齋吉金録繼之。有些較早的書，像朱善旂的敬吾心室彝器款識徐同柏的從古堂款識學，吳大澂的窸齋集古錄，陳介祺的簠齋吉金錄（鄧實輯本，不全。）也都陸續印行。（盛昱的鬱華閣金文，和方濬益的綴遺齋彝器考釋，卻始終沒有印行的機會。）

漢書食貨志裡說到周景王的大錢，叫做"寶貨"，這大概是贗作的誤釋。（圖六）但可知古貨幣在那時已有發現。梁顧烜始做泉譜，但現在存在的古譜，沒有洪遵泉志更早了。古印的蒐集，則始自宋徽宗的宣和印譜，但宋人譜錄，現今只有王厚之的漢晉印章圖譜，和王俅的嘯堂集古錄（前者見說郛，凡九十二印。後者僅三十六印。）而用原印拓集者，以明顧氏集古印譜為最早。

錢幣和古印，元明以後，常有人去蒐集。清高宗時的西清古鑑附有錢錄，後来又輯金薤留珍，那時私家譜錄也很多，只是不像銅器銘文的和經傳有關，所以研究的人較少。

道咸以後，新發現的古物很多，像：古鉨，封泥，匋器，空首布等。[四七]一般收藏家，兼收並蓄，不只拘拘於銅器了。收藏最富的，是陳介祺。可惜除了十鐘山房印舉，和他與吳式芬同輯的封泥攷畧以外，許多材料都還不能整理出来。那時的印譜，不下百種。最著名的，有高慶齡的齊魯古印攈，郭申堂的續齊魯古印攈，吳大澂的十六金符齋印譜，吳式芬的雙虞壺齋印譜等。彙集泉幣的書，則以李佐賢的古泉滙為最完備。

光緒二十五—六年，甲骨在河南安陽出土，第一个收藏家是王懿榮。王氏死在二十七年義和拳之乱，所藏歸劉鶚。

近年来考古學的發展，應歸功於劉鉄雲和羅振玉。劉氏輯鉄雲藏龜鉄雲藏匋，附封泥。鉄雲藏印等書。本尚欲輯藏錢，但未成。羅氏收藏更富，所輯有殷虛書契，殷虛書契後編，殷虛書契菁華，殷虛書契續編，夢鄣艸堂吉金圖、殷文存、貞松堂集古遺文、磬室所藏鉨印、赫連泉館古印存、齊魯封泥集存、秦金石刻辭等。

甲骨的收藏、以羅氏為最富。近時則中央研究院發掘安陽、据云所得有五千片。此外已印行的材料、有：明、義士的殷虛卜辭、林泰輔的龜甲獸骨文字、王襄的簠室殷契徵文、王國維的戩壽堂殷虛文字、葉玉森的鉄雲藏龜拾遺、容庚的殷契卜辭、商承祚的殷契佚存等。正預備印行的、有：北京大學所藏甲骨刻辭、明義士新獲甲骨、和馬衡劉體智二氏的所藏。

近時收藏家以劉體智為最，有善齋吉金録和善齋鉨印録。陳寶琛有澂秋館吉金圖、澂秋館藏印、澂秋館藏封泥等輯，吳隱有遯庵古匋存，和遯庵秦漢印選，太田孝太郎有夢庵藏匋、夢庵藏印、楓園集古印譜，周進有周氏藏匋、周氏古鉨印景，所收藏的範圍也都廣泛。（吳隱尚有遯庵古泉存一種。）

收集金文拓本的書，像鄒安的周金文存，容庚的秦漢金文録，都狠豐富，但鄒書偽器狠多。清宮銅器極多，已印行的，有容庚的寶蘊樓、武英殿兩彝器圖録。此外蒐集銅器的書籍，有容庚的頌齋吉金圖錄，于省吾的雙劍誃吉金圖錄，商承祚的十二家吉金圖錄等。蒐集匋器的書，有溥儒的寒玉堂匋文，山東圖書館的鄒滕古匋文字等。關於貨幣的，有方若的藥雨古化雜詠。關於鉩印，有陳漢第的伏廬藏印，黃質的濱虹集古印存，和濱虹艸堂藏古鉩印，而專輯古鉩的書，有黃濬的尊古齋古鉩集林，輯封泥的，有周明泰的續封泥攷畧。

石刻方面，近有三體石經和袁安袁敞等碑的出土。洛陽刻石最近發現了兩個最善的宋拓，泰山刻石也得到了宋拓。

乾嘉以後研究說文的風氣很盛。最負盛名的，有段（玉裁）、桂（馥）、嚴（可均）、王（筠）。桂馥做了繆篆分韻，同時，袁日省和謝景卿也做了漢印分韻和續集，開始搜集印章文字。嚴可均做說文翼，開始用彝器文字來補說文，莊述祖也做了說文古籀疏證，但這兩書遲未印行。直到吳大澂采集彝器、鉨印、匋器、貨幣和石鼓的文字，來做說文古籀補，才開了近世蒐集古文字的風氣。後來，丁佛言又做了說文古籀補補。（日人高田忠周有朝陽閣字鑑，古籀篇等，極蕪雜。）

羅振玉主張匋器、鉨印、貨幣等的文字，各有系統，不應和彝器文字混在一起，所以他的弟子商承祚，編殷虛文字類編，（此書用羅氏殷虛書契考釋改編。）和石刻篆文編，（未印行。）容庚編金文編，和秦漢金文編，（未印行。）他的兒子羅福頤，編璽印文字徵，都只限於一部分。此外，關於甲骨文字，還有王襄的簠室殷契類纂，朱芳圃的甲骨學文字編，和孫海波的甲骨文編。

這百年內材料出土的豐富，漢以來所未曾有。古物的采集，由自然發現和盜掘，而到科學的發掘。古文字的蒐輯，也已由好奇崇古的心理，轉向到學術的研究了。這是第三個時期。

戊　古文字學略史

文字雖用以代表語言，但牠有牠自己的形體。因為文字的形體，跟着時代而變遷，又因為語言的變遷，常是影響到文字，使牠們的意義和形體隔離，因是每個文字的本意和歷史，很難清楚，所以我們需要文字學。

文字學的萌芽，大概在春秋時。爾雅據說是周初所作，史籀篇據說是宣王時作，但解說文字的風氣，實起於左傳。宣公十二年傳，楚莊王說：「夫文止戈為武。」又十五年傳，伯宗說：「故文反正為乏。」昭元年傳，醫和說：

於「文皿蟲為蠱」這都是後來所謂「會意」字。而經傳裡常見的聲訓，像「乾健也」，「坤順也」，「仁人也」，「誼宜也」之類，也都起在春秋以後。

周禮保氏有「六書」，周禮是戰國時人所作。那時人好說倉頡作書，韓子五蠹說「倉頡之作書也，自環者謂之私，（案本當作厶。）背私謂之公」。後來李斯所集字書，就叫做倉頡篇。據說文序，「秦書有八體，一曰大篆，二曰小篆，三曰刻符，四曰蟲書，圖八五曰摹印，六曰署書，七曰殳書，八曰隸書。」而倉頡篇所書，實是小篆。

漢興，通行的字書，是合併了爰歷博學的倉頡篇。後來分成兩派：一派是摹仿倉頡篇而做字書，像司馬相如的凡將篇、史游的急就篇、李長的元尚篇，到平帝時，徵爰禮等百餘人說文字未央廷中，楊雄取其有用者，以作訓纂篇，順續倉頡。另一派是解說倉頡篇的字義。當宣帝時，因倉頡多古字，俗師失其讀。徵齊人能正讀者，張敞從受之。敞傳子吉，吉傳敞的外孫杜鄴，鄴傳子林和張吉子竦。林的正文字過於鄴竦，他做了倉頡故，所以漢書說世言小學宗杜公。

因張敞的好古文字，學者們都受了影響。其後，劉向劉歆校中秘書，那裡面有壁中古文經，和張蒼所獻左傳。于是劉歆提創古文學不遺餘力。歆子棻從揚雄學奇字，而言小學的杜林，寶藏着漆書古文尚書，可以看出古文字和古文經學的關係密切了。

歆附王莽，莽也好古，所以平帝時有徵天下通知逸經，古記，天文，厤算，鍾律，小學，史篇，方術，本草及以五經，論語，孝經，尒疋教授者，數千人的舉動。到莽居攝，使甄豐等校文書之部，頗改定古文。其時有六書，一曰古文，二曰奇字，三曰篆書，四曰左書，五曰繆篆，六曰鳥蟲書。所謂古文，就是壁中書。

因古文經學的發展，影響及古文字方面者，有二事。一是古文字和今字的對照。藝文志有古今字一卷（張揖的古今字詁疑即本此）。衛宏的詔定古文官書，尤為著名。一是關于文字構成的理論的創立，藝文志解釋六書，以為是「象形，象事，象意，象聲，轉注，假借。」鄭衆注周禮，許慎做說文，所說都差不多。藝文志大概本諸劉歆七畧，鄭衆是鄭興子，許慎是賈逵的再傳弟子，而鄭興和賈逵同是劉歆的弟子，那末，這三說實出一原。

那時，一班俗儒，却竭力反對古文經學和古文字。因為漢時隸書盛行，倉頡也改用隸寫，圖九所以他們就以隸書為倉頡時書，而攻擊古文經學家是好奇。他們競逐說字解經，於是偽造出許多讖緯來抵抗古文經學和古文字。假造符命，由王莽起，甄豐劉歆等大概都有分。那附會成孔子說的，都是今文經家。因那時楊雄劉歆等太博學了，眼看得古文經學要壓倒一切，一班無名的今文學家，只得雜取天文、曆算、鐘律、小學，來撰各讖緯，加入符命，以取信於時人。他們是打算假託孔子來壓倒古文經的。他們的解釋文字，只根據隸書，像：春秋元命包所說的「乙力於土為地」，「刑之字刀守井」，春秋考異郵所說「虫之為言屈中」，春秋說題辭所說「一大為天」，都是。古文經家是輕視讖緯的，所以說文解字出来後，這種文字說的大部分，就全消滅了。

東漢時，班固續揚雄訓纂作十三章。王育替殘本史籀篇作解說。許慎才以蒼頡訓纂等篇裡小篆為主，而補以竹簡古文和史籀篇，做成他的偉著。這是完全基於六書說而作的。他又創立出分部的方法來統攝這一萬多字，部和部之間，字和字之間，也都有次序。這是有理論又有條例的著作，所以一直到現在，一般文字學者，還不能脫離牠的羈束。

許慎以後，文字學析成兩派。倉雅派裡，因賈魴的做滂喜篇，合倉頡訓纂稱為三倉。魏張揖又做埤倉、廣雅、古今字詁等書。自犍為舍人、李巡、孫炎等注了爾雅、晉郭璞有爾雅注和三倉解詁兩書。說文派裡、有晉呂忱的字林、和梁顧野王的玉篇。六朝時又有說文音隱。但這兩派學者、都沒有什麼建樹、只是搜集材料和隨文詮釋而已。

唐人重韻書、在形體方面、雖說要試說文字林、大概是例行公事了。流俗所通行的是真楷、所謂小學書、只是糾正楷體之錯誤。上面所說的兩派字書、差不多都絕迹了。

宋世說文學復興、但離古已遠。像張有復古編、還只是糾正楷書。王安石作字說，想把會意來解釋一切文字，但是失敗了。王聖美創右文說，雖稍可通後世文字，可無法解釋文字的起原。到宋元之際，學者喜歡講六書。像鄭樵的通志六書略，戴侗的六書故，周伯琦的六書正譌一類的書很多，可是轉注段借，各自為說，六書條例已無法明瞭了。

自宋人開釋辨釋彝器文字，到清時因說文之學的二次復興，學者漸注意到這一方面。段玉裁已用金文的攸勒來釋詩，他說：許氏以後，三代器銘之見者日益多，學者摩挲研究，可以通古六書之條例理，為六經輔翼，嚴可均做說文翼，想拿金文來補說文，許瀚、王筠常用金文和說文裡的字體比較。

莊述祖想利用彝器文字來，建設出一個古籀系統，以代替說文的小篆系統，可是沒有成功。吳大澂雖沒有建設系統的雄心，却頗具卓殊的見解。他所著字說，利用他所蒐輯得來的繁博而且精確的材料來辨正文字，像「寧王」「寧考」「前寧人」「寧武」的解釋，可說二千年來所未有。只是他的文字學根底不很深，常有些肊說，像「出」字的作足形，就說「反」字也應從足之類，不免為白圭之玷。

和他同時的孫詒讓，却最能運用六書的條例，可以説是許慎以後第一人。他所著的古籀拾遺古籀餘論，掃除往時金文家隨便推測的習氣，而完全用分析偏旁的方法。後来又做契文舉例和名原二書。雖則因甲骨材料，那時所出不多，不免錯誤，但他所懸的「以商周文字展轉變易之迹，上推書契之初軌」的目的，却頗有一部分的成功。

繼孫氏之後，研究甲骨文字的人，是羅振玉（和王國維，）羅氏剏始的功績，是不可没的。但對於文字的認識，還是好用推測，開後来葉玉森輩妄説文字的悪例。王氏釋字較謹慎，只是他的極大的貢獻，實在在古史學方面。

從春秋至漢，是古文字學的剏始時期。許慎是這時期中間的成功者。只可惜他受經學的影響太深，所見古文字的材料太少，並且都是近古的，所以沒有極大的成就。自漢至清初，可以說是衰落時期。清乾嘉以後到現在，則是復興時期。這裏的先驅，是吳大澂和孫詒讓，吳氏較疏於孫氏，而孫氏頗拘牽於經學，泥迹於六書之說。所以要求大成，還有待於将来之士。

二　文字的起原和其演變

甲　原始時代的中國語言的推測

近世語言學家推測語言的起源，有摹仿聲音說，情感刺激說，和經驗說等，雖都有相當的根據，但就中國語言看來，似乎還不很完密，因為在全部語言裏，有些地方還不能說明。

由情感的刺戟而發生的語言，應分析為兩種，一種是情感的種類，像「愛」和「惡」，一種是刺戟的強弱，像「大」和「小」，因為人類語言和動物的呼聲，本只有程度的差殊，所以原始人類所能作的簡單和含糊的訴聲，也不過代表由飢寒困苦，或飽暖勝利等的刺戟所引起的情感，和別種動物一樣。但因外來的刺戟的強弱不同，發音也有殊異，廣大宏壯，有發皇的聲音，細小窅邈，有幽閟的聲音。這兩種後來都變成語言。「愛」「惡」一類，直到現在，還有大部分是元音，可見這是最早發達的。「大」「小」一類，大概較遲，因為必須憑藉輔音才能成為語言。

輔音的發達，大抵由於摹仿。當人類聽見自然界的各種聲音，像水聲的潺湲，雷聲的劈歷，玉聲的丁東，金聲的鏗鎗，羊鳴的芈，鹿鳴的呦，鳥鳴的即足，蟲鳴的蟋蟀之類，就像鸚鵡一般地去摹仿，這種由摹仿得來的聲音，和原始的簡單聲音相結合，就變成完整的語言。

語言雖已完備，但許多實物的稱謂，卻還沒有，這大概是古代人民所最感到困難的。除了一小部分的實物，可以摹聲外，大都是無聲可仿，因此他們只好假借一部分的品性，來代表那實物的全體。例如頭頂上是天，他們就拿「頂」的聲音來代表「天」，絪縕紛亂的是煙，他們就把「絪」的聲音來代表「煙」。於是不論那一樣實物，都可以變成語言了。但是這一類的語言，是可以人各立法的。甲可以說「日」，因為是「實」的緣故，乙却因「暴」的緣故，而叫做「易」。這種紛歧的名稱，後來漸漸地統一了，這裏大概有兩層原因：第一，那時代的人類，大概已經懂得用肢體來描寫出為物的形狀，第二，人類漸漸過社會的生活，所以個人的歧異減少了。

還有一部分的語言，是人類的智慧發達以後，才產生的，像「方」「圓」和「一」「二」「三」「四」等的分析。還有一部分是語言繁複以後才起來的，像發語辭的「隹」，和「雩」，問語的「不」。這種語言的增加，使語言愈加複雜。在那時，輔助語言的文字，也已從原始的圖形，漸臻於完備了。

乙　中國文字的起源　上

說到中國文字的起源，一般人就會把八卦和結繩提出來。八卦究竟起源在什麽時代，我們還不能明悉。銅器裏有刻☷形的卣，（嘯堂集古錄卅二葉）和卦象相似，或者是商代的遺物。筮字從巫，那末易卦是巫的事業，巫在殷世極盛，所以我們可說八卦是殷或殷以前遺留下來的。但八卦的起源，縱使很古，和文字卻漠不相干。卦爻的本質，只是一和一，用以象徵陽和陰。至於疊三爻而成八卦，疊六爻而成六十四卦，僅是一種數術的把戲而已。至多說一和數目的一相同，而照思想產生的程序，一字決不在卦爻之後。（有人以為☵即水字，巛即☷卦字，都是附會。）至於「結繩」，更毫無關係。固然有些近乎原始的部落裏，用結繩來助記憶，和文字的效用相似。但古代中國是否有過「結繩而治」的時期，「結繩」是否發生在文字之前，都是無法證明的。

有些泥古的學人，很相信文字是倉頡造的，和普通人以為孔子造的一樣。其實最初的文字，決不是一手一足之烈；而純粹是由自然發生的。當我們的祖先，才會用肢體來描寫一種物形的時候，他們對於物的觀察，還不很正確，描寫的技術也很笨拙。經過長時期的訓練後，才能把各個物體畫得逼真。當一個巨象的圖画完成後，瞧見畫的人，不約而同的喊了出來，象，於是「象」這個字，在中國語言裡就成了「形象」「想象」「象徵」「象似」等語的語根。（韓非說：「人希見生象，而按其圖以想其生，故諸人之所以意想者皆謂之象。」按韓說非是。商周以前，中國尚有象，非難見。）當其他物體也都描寫得肖似後，一見圖就能叫出牠們的名字，於是語言和圖形就結合起來而成為文字了。

至於文字學者們所熱烈維持的一種古老的

見解，——有一種「指事文字」，（或象事。）發生在圖形文字之前，（或同時。）——這是大可不必的。像「二」「二」這類字，古人以為「指事」，其實只是「象意」。「一」「二」和「方」「圓」，雖沒有實物，但在文字發生時，人們早已有這種觀念，而且有代表這種觀念的實物。例如計數的算子，方形的匡，圓形的環。所以這些文字，還是圖形，而並不是代表抽象的意義。

但有些學者，卻以為在原始文字裏，有一種形的標準。（這不是說後世文字裏的偏旁，而是指構成文字的最簡的單形，象·一丨丿＼一類。）這種意見，也是錯誤的。我們所知道的古文字，決不是類似幾何畫的東西。牠們只是整個的圖形，既無從規定筆畫的數目，也不能規定點畫的姿態。例如○的作⊙，中間的一點，只是補空。王字象一根繩子穿起三塊玉。立字象人站在地上。那末一點一畫，都不是一個單形。在古文字裏，是找不出這種標準符號來的，那只是學者間的一種幻想罷了。

原始文字，只有圖形，是無可疑的。由各實物的圖形裏，用種種技巧來表現出更繁複的意義，於是有「象意」字的出現，文字的數目，因而有大量的增加。這種演進，當然又要需要很長的時間。

丙 中國文字的起源 下

說到文字起源的時期，除了無條件接受「黃帝之史倉頡初造書契」的說法的一班人外，有些人卻常懷有文字發生於商世，或離商世不遠的見解，因為他們目前所能見到的古文字，只有商代的甲骨和彝器，而這種文字裏還保留着一部圖象。但這種見解是膚淺的，也是錯誤的。

文字的發源是很古的。在西歐的文化史裏，我們知道舊石器時代的原始人類，已有許多很精巧的壁畫，或鏤刻，象：牛、豬、馬、鹿和巨象之類，由這種圖形的進化，就變成蘇馬連 Sumeria 和埃及的原始文字。中國的先史期文化的研究，現在雖還不很發展，但至少已知道在若干萬年以前，已有了原始人了。安特生在甘肅考古記裏把一些骨板上所刻的記號，疑為文字。其實他所搜集的「辛店期」陶甕上，卻確有文字，雜置在圖案中間，不過他以為是花紋罷了。

這一個意見，我在殷契佚存的序文裏，已經提出，現在再把這種圖形，和商周文字比較，如下：

安特生以為馬形，似不確。

此即犬字，甲骨文作[illegible]，如改正畫，當作[illegible]，與此最近似，用[illegible]形來表現出耳及口形，尤其是共

具的特點。

此為鳥形，雖不知是何鳥，然金文隻父癸爵之隻字作其鳥形也有兩足，可互證。

此人形與亣夊等字相近，但有衣裳為異。

此輪形，和甲骨及金文的車輪作⊕形相近。

匋甕上還有一個羊形，惜未繪全。只見其身部作形。疑即萈之本字。萈是原羊，變作[illegible]，又變作[illegible]，史頌敦灋字從此。

由這種比較上，可以知道這是同系統的文字。只是「辛店期」較商周為近於原始。要把那時的文字弄清楚，當然得希望更多的材料的發見。「辛店期」的絕對年代，還不能證明。據安特生「甘肅攷古記」的假定，大概在去今四千五百年左右。

殷商系的文字，圖形已極簡單。四足省作兩足，肥筆概用雙鉤，或省為瘦筆，正畫的物像，改為側寫，以適應整篇文辭的書寫，此類徵象，已可證明這是很發達的文字。而尤其重要的，則是象形象意的文字日就衰歇，而形聲文字興起。這種變動，至遲起於殷初，或許更可推上幾百年。在這種變動以前，是象形象意文字時期，更前則是象形發展到象意文字的時期。

所以，我們在文字學的立場上，假定中國的象形文字，至少已有一萬年以上的歷史，象形象意文字的完備，至遲也在五—六千年以前，（孔誕前三千五百—弍千五百年。）而形聲文字的發軔，至遲在三千五百年前。（孔誕前一千年。）這種假定，決不是夸飾。

我們的上古史，目前雖尚模糊不明，但有許多理由，可以說從孔誕前一千五百年左右，—即夏初起，已有了歷史的記載。（甲骨刻辭裡所載的商湯以前的先公先王，正當夏世，是第一個理由。彝器刻辭和古書裡記載禹的功績，是第二個理由。古本山海經所講故事，止於夏時，是第三個理由。神話止於后羿，而最詳細的記載，都起自后羿，是第四個理由。古本紀年和世本，史記，有夏的世系，年數，史事，是第五個理由。孔子稱述堯，舜和禹，孟子追數堯舜到孔子的年數，是第六個理由。虞夏書雖周人編集，但也有些根據，是第七個理由。）這種記載，當然是文字十分完備後才產生的。

在這種記載裡，可以追述前數百年的傳說，所以夏以前的兩昊諸帝的歷史，或神話，正像舊約裡的古史一樣，決不是完全子虛的。據左傳說，太昊氏的官名用龍，少昊用鳥，黃帝用雲，炎帝用火，共工用水。而少昊的官，有爽鳩氏，所居的都邑，就是後來的齊，可以證明這種傳說是有根据的。那末，這種官名的本身，恐怕都是些圖形文字。爽鳩氏只畫一個爽鳩，玄鳥氏只畫一個玄鳥。現在的名字，是後人用近代文字來轉譯的。

如果我的假定不錯，那末，夏初的文字，和商周決不相同，因為那是純用象形象意文字的時期。以古代文字變化的劇烈，周時人對商時文字已多誤認，何況夏初。楚史倚相能讀三墳，五典，八索，九邱之書，可知別人不能讀。但就虞夏書多譌誤一層看來，周時認識古文字的學者，正不亞於漢代的經生。山海經裡有好些地名，和周以後的古書歧異，恐怕也由於傳譯的關係。

總之，由上古史的研究，我們也可說在孔誕前二千年以前，已有了完備的文字。這種較古的文字的應用，一直到夏商之際，才逐漸衰落，而形聲文字代興。這種結論，和研究文字學所得是一致的。

丁　上古文字的構成

由原始文字演化成近代文字的過程裡，細密地分析起來，有三個時期。由繪畫到象形文字的完成，是原始期。由象意文字的興起到完成，是上古期。由形聲文字的興起到完成，是近古期。

往時，一般人受許氏說文解字的拘束，以為五百四十部的部首，就是原始文字。（用字形來講的，例如周伯琦的說文字原。用字聲來講的，例如章炳麟的文始。）但部首中像「亭」「辡」等字，很清楚地只是形聲文字。許氏說："倉頡之初作書，蓋依類象形，故謂之文。其後，形聲相益，故謂之字。"本沒有把形聲當做原始文字。他所以把形聲字的"蓐"和"犛"與象形字的"屮"和"牛"同列，只是他的分類法的缺點。因為他所分的部首有形聲字，就以為形聲也是原始文字，那只是後人的過失。

現有的古文字材料，幾乎全是近古期的，所以我們要研究上古文字，因缺少直接材料而感到困難。但在近古期裡的較早部分，——殷商系的全部，和兩周系的早期，——離上古期還不遠，我們做那種研究時，還可以看出上古文字的大概。在近古期裡，時代愈早，象形象意的文字愈多，而形聲文字絕少，時代一遲，就成為反比例。這種說法，顯示着形聲文字是後起的，在上古文字裡，只有象形和象意。

關於文字構成的說法，舊時只有「六書」，這種學說，發源於應用六國文字和小篆的時代，本是依據當時文字所作的解釋。這種解釋，並不像往昔學者們所想的完善，而只是很粗疏的。但這樣粗疏的解釋，竟支配了二千多年的文字學，而且大部分學者還都不懂得六書的真義。

有些學者也嘗把文字精密地分析過，但他們不能把這種傳統的觀念打破，所以儘管列出象形兼指事，會意兼指事，形聲兼指事一類瑣碎的條目，或更巧立些别的名稱，關於文字的怎樣構成，還是講不明白。

學者們常以爲指事在象形前，是在上古突然產生的純文字，我在上面已說過文字是由圖畫逐漸變成的，上古文字只是從形符發展成意符，決不會先有意符，尤其不會先有形意俱備的文字，而後來又分做純形符，或純意符，所以指事這个名目，只前人因一部分文字無法解釋而立的。其實這種文字，大都是象形，或象意，在文字史上，根本就沒有發生過指事文字。這種說法，當然要招致守舊的先生們的譏議，但這是事實。

文字的起原是圖畫，而牠的演變，大都是語言所促成的。當許多簡單圖形和語言結合而成為文字的時候，所謂文字只是些實物的形狀，所代表的語言，也只是實物的名字，所以我們把這種單字叫做『名』，是最妥當不過的。

但僅僅幾個實名，當然是不夠代表語言的。因為實名在文字裡雖是最先發生，而在語言裡却是最遲，所以當象形文字發展的時候，實名以外的語言，早已豐富而且完備。這大部分的語言，不是象形文字所能代表的。但這時人們的智慧發展得很迅速，所以不知不覺地產生出三種方法。

「分化」的方法，是把物形更換位置，改易形態，或采用兩个以上的單形，組成較複雜的新文字。例如象人形的「人」字，倒寫了是「匕」字，揚起兩手是「丮」字，兩個人相隨是「从」字，人荷戈是「戍」字之類。由這種方法，常把一个象形文字，化成很多的象意文字。「物」相雜謂之文」，這種文字是很複襍的，我們不妨叫牠做「文」。

除了在形體上分化外，還有兩種重要的方法。「引申」是文字的意義的延展，例如「日」字是象形，在語言裡，却可用作今「日」的意義。「假借」是文字的聲音的借用，例如「羽」字是象形，借來代表語言裡「翌日」的「翌」聲。如果我們把「引申」誼叫做「象語」，那末，「假借」來的字聲該叫做「象聲」。但「象語」和「象聲」，都是本無其字，所以那時的文字只有象形和象意。

形的「分化」，義的「引申」，聲的「假借」，是文字演變的三條大路。象意文字發生後，文字依然在演變。可是由象意字分化出来的，並沒有新體的文字，而還是象意字。這種字的數量，常有增加，但受了形體的拘束，還是不能代表那時大部分的語言，於是引申、假借兩種方法，用的愈多了。

在上古期裡最晚的一個時代，語言已經異常複雜，文字受了語言的影響，弄得非常混亂。一個文字，常代表了很多的語言，——有的是象語，有的是象聲，——單看牠的形或意，已是不知所云了。這種現象，很像因文字缺少而起，但事實上正相反。那時的文字，實是過於繁多了，而且因象形象意的緣故，文字

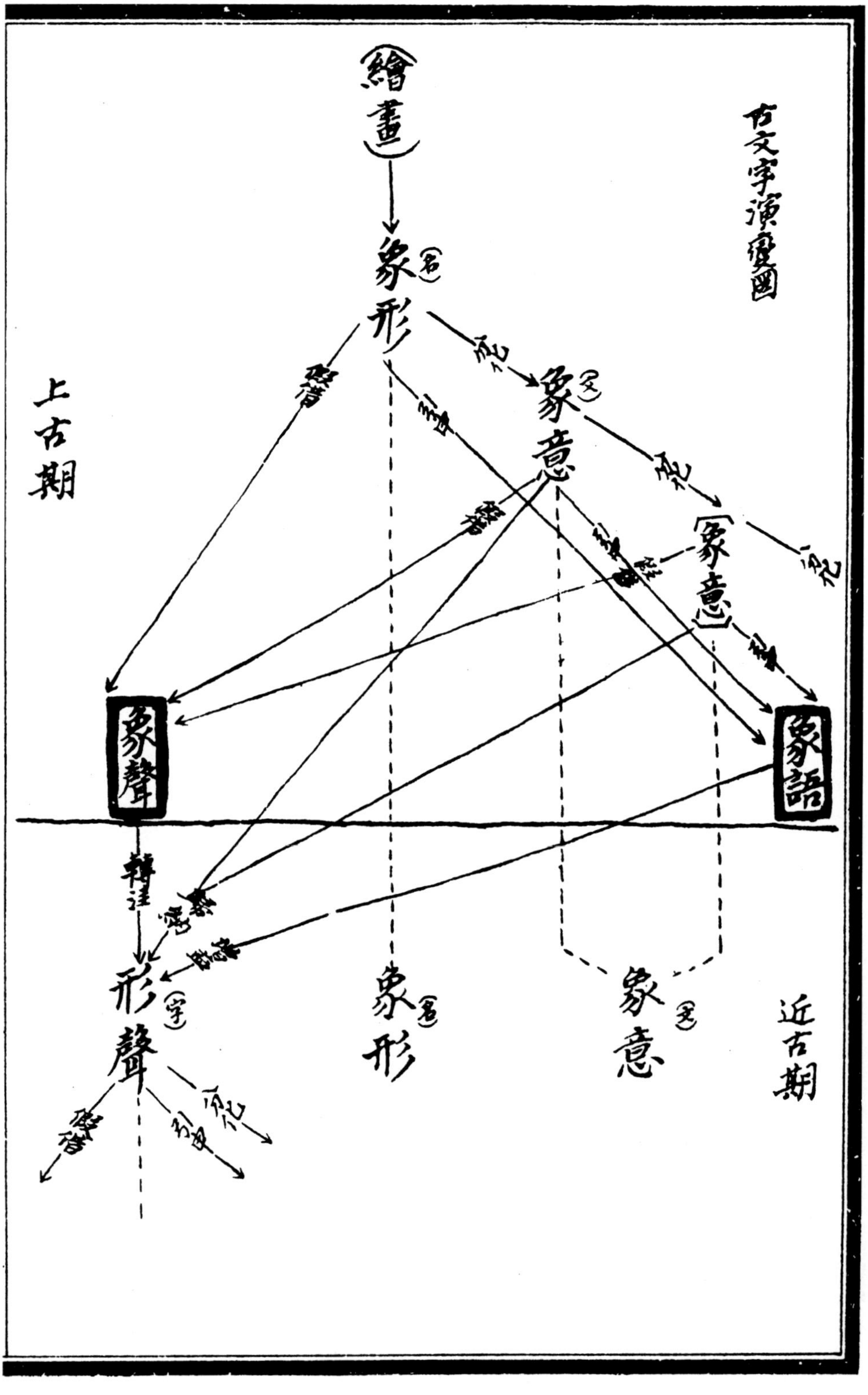
古文字演變圖
繪畫
象形（名）
象意（文）
象意
象聲
象語
上古期
轉注
形聲（字）
象形（名）
象意（文）
近古期

的筆畫本來異常繁賾，後來因時代的需要，漸趨簡單，原來的形意，就看不見了。因筆畫簡單，有些形體便起了混亂，例如日字可以代表口，也可以代表凵盧之類。這實是用繪畫方法的文字的窮途末路，於是有一種新的技巧，以聲音為主體的新文字起來了。這是近古期的形聲文字。參看前後葉古文字演變圖。

戊　象形文字

文字的起源是繪畫，上面已說得很詳細了。那末，學者間所謂『文字畫』這个名稱，實在是不需要的。假如把近乎圖畫的文字，屏除在真正文字之外，那無異於把石器時代的人類，屏除在真正人類之外。因為許多銅器的文字大都是近於圖形的，一部分甲骨文字也是如此；在這裡面要區別文字與文字畫的界限，實在只有已認識和未被認識而已。

因文字是由繪畫起的，所以愈早的象形和象意字，愈和繪畫相近，而且一直到形聲字開始發達的時候，許多圖形還沒有改變，我們根據這一部分材料，可以發見許多文字的原來的意義。

象形文字的所象，是實物的形，那末只要形似某物，就完成了牠的目的，至於用什麼方法來達到這種目的，那就不用管了。例如：把字畫作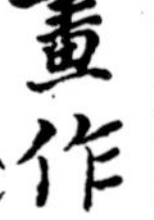。上攸乙觶，下[illegible]鼎這是填實和鉤廓的不同。把③畫作④，上伯魚鼎，下嘯堂集古錄魚鼎，原作鮮鼎這是線和點的不同。把⑤畫作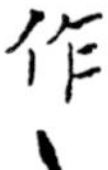⑥，這是正和側的不同。把①畫作②，省了兩腳，這是繁簡的不同，因書寫的方便，又有橫直的不同。但無論怎樣地歧異，總可以讓人一見就明白：這是龜，這是魚，這是人形，這是犬形。無論用那一種技巧畫成，總還是象形字。

為研究的方便，我們可以把象形字分做三類。一是屬於人身的形，可以叫做象身；二是自然界一切生物和非生物的形，可以叫做"象物"。三是人類的智慧的產物，可以叫做"象工"。

假如要把這三類的文字完全寫出來，在這本書裡還做不到。因為本書意在發凡舉例，不能說的太詳。而且我們所見的材料，都是近古期的，大部分的象形字已脫離了原始型式，驟然見了，還不知道象的是什麼。例如：冈字，我們如其沒有看見寫作𢀖的形狀，就決想不出牠是象蠶殼形的。𢀖字見侲父辛尊。這種詳細的研究，這裡只好闕略，留在著者所計劃的名始一書裡發表。

在後邊略舉幾個象形字來做例證。

(一)象身　除了用大和人，象整個人形外，還有些部位的象形。

殷虛書契前編六卷七葉十片，舊闕釋。今按是首形。

又為手形，但已不是原始型式。

家鼎，舊闕釋。今按是足字，象足形，甲骨作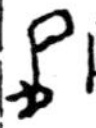同，但都不是原始型式。

己耳卣，舊闕釋。今按是耳形。

龜甲獸骨文字一卷十一葉十七片。

關於人身的部分，只有夒的頭和手足等形，略見混亂。

(二)象物

前編四卷四四葉五片，此虎形，已非原始型式。

中央研究院所得殷虛骨版。

乙觚，舊闕釋。今按乃彖形。

象且辛鼎。

大豕匕辛毁。

馬伐

鐵雲藏龜一九三葉三片。

亞兕尊，舊闕釋。今按是兕形。

中央研究院所得骨版。此象猴形，舊釋猴，今按乃夔字。

父癸爵。鳥形尚多，今舉此為例。

龍爵，舊闕釋。今按象龍形，但已非純原始形式。

後編上二十八葉六片。舊釋蠶誤。今按乃字的原始型式，本象蛇形，和變做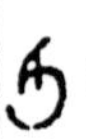的例同。

萬爵象蠆形。

弔龜敦。

平巳敦。

生物的象形字，以動物為最多，因為這是上古時人最先描寫的。

金文昶字所從日字如此。

父己甗字所從月形。

水形。

火形。

父乙斝。

甲骨習見此字、舊闕釋。今按是石之本字。

少字、本象沙形。

(三)象工

父字從此象斧形。

亞且辛父庚鼎。

宅毀。此毋字，象盾形。

鼑鼑。

父癸卣爵字從此。

凡字象盤形。

父丁斝。象宁形。

匙父己毀。象箕形。

後編下三六葉五片。象草形。舊釋席誤，今按是酉字。

後編下八葉十二片。

切父毀。

示敦爵。舊闕釋，今按，是丅[三]之原始形。

辛爵。象桎梏之形。

一 象數目之形。上古時，或用刻契，或用數籌，此即象其形。舊以為指事字，其實非是。

這裡所寫的，雖只是一個概畧，但由此已可看出上古期象形文字和繪畫的關係。一般人把文字認為是狠方整的符號，這是錯誤的觀念。

舊時在象形字裏分出「獨體象形」和「複體象形」兩種，複體象形應併入象意。又有「象形兼指事」「象形兼會意」二種，也都是象意字。至於「象形兼形聲」一種，其實只是形聲字。

乙　象意文字

這書裡的象意文字的範圍，包括舊時所謂「合體象形字」「會意字」和「指事字」的大部分，所以和原來的會意字迴然不同，讀者們對『象意』這个名詞倘還不能了解，這裡有一个最簡捷的方法，只要把象單體物形的『象形字』，和注有聲符的『形聲字』，區别出來，所剩下的就都是『象意』。

象形文字是從圖畫蛻化而来的，象意也是這樣。但象形的成為文字是自然發生的，——只要把虎兕牛馬的形畫出，任何人都能知道牠們的名稱，——而象意卻不然，牠們是人為的。假使我們對某一個社會的習慣不很熟悉，就不能完全了解他們的象意字。

在圖畫裡，一個人形，可以畫做，也可以畫做，可以畫做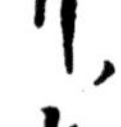，也可以畫做，這都由於畫者的高興。有的場所，還可以把人形畫做來象他的側着頭，畫做來象他的搖着手，畫做或來象他的披着——或豎着頭髮，這種都以人為主體，而他們的形態，動作，只是附帶畫到的。

假使只是圖畫，那末，象形和象意是無從區別的，到文字裡可就不同了。圖畫固然可以把一個很複雜的境狀描寫出來，但要清楚地敘述出一個故事的始末卻非凡困難。文字的效用，正像電影片一樣，可以做（或）連續的圖畫，來說明一事的原委，但不像圖畫的複雜。那是和語言結合了的圖畫，每一个單語需要一幅簡單的圖畫。但除了實物名（的）稱可運用圖形來代表外，一切抽象的語言就只好剩取圖畫的片段，给牠們以新的意義，這就是象意字。

上古的人們既已用大和亻來代表語言（中）的大人，接着就創造表示人的形態或動作的文字，這種文字，間接是采用圖形，而直接（是）由大和人兩字分化。由大字分化做天（天，甲骨金文同，後變成不）、夨（夨，甲骨作夨，亦作夨，俱同）、夭（夭，甲骨金文俱作夭）等字，由人字分化做企（企，甲骨如此。後譌作㑨）

（光，說文闕光字。甲骨金文習見。前人釋長，或釋㣇，皆誤。）（光，甲骨金文同。後變成光。）等字；夭的意義是顛，夨的意義是頭傾，夭的意義是手的擺動，（走和笑都從夭，象手擺動。）企的意義是舉足，光的意義是細長的髮，光的意義是毛髮盛，這都是代表各種單語的專字。我們可以把這種文字叫做「單體象意」。

至於表示人（人和人，）和物，或物和物間一切形態或動作的文字，我們叫牠們做「複體象意」。那種文字，雖也用圖形，卻儘量地簡畧。表示一個人在瞧，或說話，只要畫一隻眼或一張嘴。（例如相字表示審視樹木，問字表示在門裏說問話之類。）一個人拿戈砍死別人只要畫做（此古代字。見雙劍誃吉金圖錄

卷下獻向兵，原闕釋。(四十)此字孩省作。把主動的人省去，只畫一手。豕在苙裡畫做，即家字，見父庚卣。吳大澂以為陳豕屋下而祭，非。而和卻只畫牛羊的頭。宰即牢字，今人釋宰，非。這樣看來，複體象意字大都不是畫(四)，只要把一件事實的要點抱住，使別人能懂得，就夠了。

文字的形體，不斷地分化着，象形文字分化成象意文字後，還在繼續分化。例如欠和見是由形分化出來的，字又分化做旡兄甲骨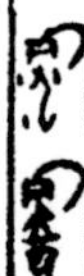等字偏旁。的三字，字也分化做艮殷虛書契菁華十葉九片作，舊誤釋見。散民馴殷作，舊闕釋。余以限字從證之，釋為艮。昊(墨)卧三字，欠字口向

前，見字目亦視前，旡艮並向後，兒貝並向上，丮卧並向下，這種分化的痕跡是很清楚的。由象意字分化出来的，我們可以叫做『變體象意字』。

在上古期裡，除了少數象形文字，就完全是象意文字的世界了。象意字使用的範圍極廣，時間又很久遠，所以變化很多。有些文字漸離開了圖形，二一两字的長畫，和立字的象人，在地上截然不同，牠們只是抽象的物形。羌字殷虛書契前編四卷五十葉五片象以索繫羊，已把羊頭當做整個的羊。名名字象晚上說話，這月形的用法，已象夕字。雀字表示小鳥，已不象沙形。

因此，有些象意字，解釋起来是很困難的。

因為象意字是人為的，任何人可以把要表示的語言和思想自由地畫出来，各人對於同一個題材的畫法，不一定相同，所以這一部分人所認識的文字，其餘的人或許不認識，在較長時期裡，大部分的歧異，固然會漸漸消滅，——有些受大衆承認，有些被淘汰，——但後来的新文字又層出不窮而需要淘汰了。所以，上古期的文字，可以說始終是很混乱的，而且還是很繁多的。

庚　上古文字的演變為近古文字和近

古文字的構成

上古文字是用繪畫來表現的象形和象意字，近古文字裡雖還有象形和象意的留存，但最重要的部分却是新興的形聲文字，由上古到近古的重大轉變，是由繪畫轉到注音。

繪画為什麽變成注音呢？最重要的原因有二：一、音符文字在使用上比圖形文字方便，在人事日益繁多的近古，音符文字能佔優勝，是無疑的。二、音符文字的急劇的增加，由於私名的發展。人類愈進化，他們的語彙愈豐富，在公名下面一定會添出許多私名來，這種私名——例如人的姓或水的名稱——是畫不出來的，原先只能假借別的字聲，到音符文字產生後，就儘量利用了。

可是，繪畫文字是怎樣變成注音的呢？這是一个較難答覆的問題。更進一步說，從圖畫變成音符，原是一切文字的通例，但何以別的民族都變成了拼音文字，而我們的文字，變成了注音的呢？

我以為中國文字的變成注音文字，由於她的語言是一種孤立語，除去少數謰語外，每一個單語都是單音節的。中國語的語法上的變化，只在聲調上表現，例如：「衣」是名詞，「衣我」的「衣」是動詞，「食」是動詞，「食我」的「食」是動詞，都只有聲調的不同。當這種單語寫成象意字時，衣作□，動詞的衣作□，（即依字，辭習見。）下食作□，動詞的食作□，而在依飤二字裡，都只有半個字代表語聲。又如近代語把兩人稱為「倆」，古語也是如此，「百兩」的「兩」是兩輪車，（今作輛。）「葛屨五兩」的「兩」是兩隻鞋，（說文作緉）兩端帛叫做「兩」，兩股繩也叫做「兩」，不論兩人，兩輪，兩隻，兩端，兩股，在語言裡統只有一個「兩」聲。在象意文字裡，仁字代表二人，伍字代表五人，什字代表十人，而只讀為二，五和十，也都只有半個字代表語聲。這都是中國語的特點，也就是中國音符文字的特點。因語言的單簡，所以在文字裡面能儘量地把形符保存下來，成為只要念半個字的注音文字，而不變成純音符的拚音文字。

在象意文字極盛的時候，漸漸發生了有一定讀音的傾向。我曾研究過這種規律，大概可歸納為兩類。象意字不變為形聲字的部分，不適用此項規律。

(一)從名詞變作動詞的部分，每一個字有主動的和受動的兩方面，以主動的為形，受動的為聲。例如：

𩫖、𪔂、𨥚、巩、等字，以丮為形。

𢍏、𢍎、弇、弃、卜辭作𦥑、舊闕釋。按即𦥑、彝二字所從。 拲、即拳字。 𢍘、弇、等字，

以𢍆為形。

𠭥、即尃字。𠭥、即專字。龓、即攏字。𩵋、敏、即敏字。等字，以又為形。

㱿、般、𣪊、殼、𣪘、殺、卜辭此字舊釋敘，非。 殹、等字，以殳或攴為形

𦥯、即學字以臼為形。

爰以爰為形。

𨒅以止為形。

問、啓、唕、等字，以口為形。

凡是形的部分，全是主動的，而代表語聲的半個字，

全是發動的。

（二）在主語上加以詮釋或補充而成的文字，每一個字裏有主語和附加的兩方面，則以主語為聲。例如：

晛，朢，（朢字本義為八星月。）二字裏的日和月是用以補足見和星兩字的；

⿴行戠，（或作⿰彳戠）復，僕，等字裏的行或彳形，指出在路上的意義；

⿰氵龜，漁，等字裏的水形，指明在水裏，

字，富，等字裏的宀形指明在屋裏，

魯（即魯字）曾（即曾字）等字裡的凵形，指明在器裡，所以日，月，行，彳，水，宀，口，等形，全是形，而其餘的部分是聲。數目字是一個奇異的例，常用實物去詮釋牠們，所以仁以二為聲，駟以三四為聲。

在象意字漸漸聲音化的時候，私名也正極發展。這種私名原是假借字聲來的，例如人姓名的子，地名的商，都只是語聲，現在就可仿效上述方法裡的後一例加以詮釋，寫一子字代表姓，在那旁邊又添上一個女旁，變成了好，（卜辭用以代表子姓。）女旁是補充的，是形，子是主語，是聲。寫一商字代表地名，在商旁畫上巜，以示水形，變成水名的滴，水是形，商是主語，是聲，那時的人，儘量利用這種新方法，於是，凡是私名，大都變成注音文字。

因這種方法的擴展，許多由引申來的語言，也常利用這種方法而造成新字，例如：戔字增水形成淺，少字增女形成妙，多字增人形成侈，長字增弓形成張等，水，女，人，弓，都是形，其主語都是聲。

文字的演變，有三條大路，形的分化，義的引申和聲的假借。上古期文字分化的結果，使文字漸漸聲音化，後世人們加以「歸納」，就創始了注音的方法。於是就假借來的私名注上形符，有時也就等於拿音符来注形符，這是『轉注』。至於引申來的語言，本不一定需要形符，後來也頗有『增益』。歸納，轉注，增益，這是形聲文字產生的三條路徑。『字者孳乳而生』，這種形聲文字應叫做『字』。

文字是不絶地在演化，但從繪画變到注音，却無疑地是一個絶大的變革，所以我們把開始應用注音體的時代叫做近古期。在這時期裡，除了大批新文字都是形聲外，象形和象意，除了只有一小部分保留原形，有些也變成形聲，有些簡直廢棄，而形聲字又在分化，引申，假借，結果又產出新的形聲字來，所以

近古期差不多是形聲文字所獨佔的，那些僅存的上古文字只是附庸罷了。參看三十四葉古文字演變圖

辛　形聲文字

根據前章所述，形聲字是由象意，象語和象聲演變成的。由象意字直接變成形聲的，是『原始形聲字』；由象語或象聲轉輾演變的是『純粹形聲字』。由形聲字再演變出來的形聲字，有的疊床架屋，是『複體象形聲字』；例如：殸從声聲，磬從殸聲。有的改頭換面，是『變體形聲字』。例如：翌明並從羽聲，變為昱，從立聲。

因為形聲字的發達，有許多難畫的圖形，也歸

到音符，例如鳳和雞本都是圖形，而又加上假借来的凡奚二聲；又如麋罟本作，改成罞，從矛聲；這都是純粹形聲字中的變例。但有些形聲字的来源，是基於錯誤，例如由（父丁罍，本示尾梢特大形。）變為，遂誤為狽，從犬貝聲；由和混合為，變為，誤為從林爽聲之類，我們只能叫做雜體形聲字。

形聲字也是隨時在產生，隨時被淘汰的。有些偶然發生的文字，居然保存下来，例如殷人稱上甲為，原和（報乙）（報丙）（報丁）同，口匚均即方字，方——即祊——即報祭，是當讀為報甲，然援形聲之例，可僅

讀甲聲、後人就沿用下來、金文兮甲盤的⊕字、小篆的甲字、（後譌為中）都是、人們早已忘卻牠是上甲的專名了。但這種特殊的例是很少的。卜辭二千作𠦃、金文雖尚沿用、（見曾伯愈父鬲等）後來究竟被淘汰了。金文玟是文王、珷是武王、（見盂鼎、歸夆殷等）後來竟不再用。卜辭和金文的形聲字、十之二三是現在早已廢絕的了。

形聲字的產生、雖沒有固定的範圍、但由淘汰下來的結果看起來、却自然而然地有牠們的分野。除了少數的偶然變異外、古人所慣用的形母和聲母是狠容易找出的。不過我們要注意說文解字所列的部首不都是形母。例如：一篇有一、上、示、三、王、玉、珏、气、士、丨、屮、艸、蓐、茻、等部，其實只有示、王、玉、士、艸、等字，確是形母。說文所謂形聲字，多不確，例如：一部的元字，即兀之異文，誤謂從一兀聲，丕字本作不，即不之異文，而誤為從一不聲，吏字本作叓，或作叓，不從一，誤謂為從一史聲；以此推之，知一部本沒有形聲字。

我們要是把形聲字歸納一下，就可以知道除了一部分原始象意〔形聲〕字外，純粹形聲字的形母，可以指示我們古代社會的進化。因為畜牧事業的發達，所以牛、羊、馬、犬、豕、等部的文字特別多。因為農業的發達，所以有艸、木、禾、來、等部。因為由石器時代變成銅器時代，所以有玉、石、金、等部。因為思想進步，所以有言、心、等部。我們假如去探討每一部的内容，恰等於近代的一本專門辭典。

由此，我們可以知道形聲字的真正價值。一個民族裡的普通語言，上古的繪畫文字是儘夠代表的，但社會進化後的專門術語，却非利用音符文字不可。形聲文字固然是音符的，但同時又指出意義的類别，這可以説是極完美的文字。所以在形聲文字既發展以後，還要創造象意文字，例如：巧言爲辯，明空爲照之類，實是不智的舉動。而一直到現代，我們用形聲字的方法來創造專門術語，無疑地還是一什絶好的利器。

叁 由近古文字到近代文字

近古文字和近代文字在文字的構造上是沒有什麼分别的。近古期以形聲文字為主體，一直到現代，還是沿襲着。但近代文字在形式上漸漸簡單，艸率，譌誤因而自成一種形體和古文字隔離。

近古期文字，從商以後，構造的方法，大致已定，但形式上還不斷地在演化有的由簡單而繁複，例如丁變為示。有的由繁複而簡單。例如[illegible]變成[illegible]。到周以後，形式漸趨整齊，盂鼎、曶鼎等器都是極好的代表。春秋以後，像、徐器的王孫鐘、齊器的綸鎛、秦器的秦公𣪘和浙陽刻石等，這種現象猶（尤）其顯著，最後就形成了小篆。

不過這只是表面上的演化，在當時的民衆所用的通俗文字，却並不是整齊的，合法的，典型的，他們不需要這些，而只要率易簡便。這種風气一盛，貴族們也沾上了，例如春秋末年的陳向陶釜（圖十上一）的刻銘，已頗艸率，戰國時的六國系文字是不用說了，秦系文字雖整齊，但到了戈戟的刻銘上，也一樣地苟簡。陳向釜的立字作𠀀，很容易變成立、高都戈（周金文存六卷九葉）的都字作𨛫，很容易變成都，這種通俗的簡易的寫法，最後，就形成了近代文字裡的分隸。

近古文字已不容易看出字形所代表的意義，到近代文字裡，沿用愈久，譌變愈多，當然更看不出來了，於是文字就漸變成單純的符號了。

上編正譌

十一葉下　「有曹載奎的懷米山房吉金圖」和「劉喜海的清愛堂彝器款識法帖」，則又取法於先秦古器訛」一節有譌誤。清愛堂法帖雖是石刻，不摹器形，與曹書不同。

十二葉上　「古印的蒐集，則始自宋徽宗的宣和印譜」。按此書恐出偽託。

二十四葉上十行　「只是一和一」當作「只是一和一」。

三十七葉下十行　「川」字應刪去，因一象天，川象水點，實是象意字。

四十二葉下三行　「獨體象意字」下當補，象意字的一部分，後来變成形聲字的，這是「聲化象意字」。參閱庚節也就是「原始形聲字」。

四十五葉上六行　「我曾研究過這種規律，」當易為「我曾研究這種「聲化象意字」，發見了牠們聲化的規律。」

下册

附下编正讹

古文字學導論

下册目録

甲　怎樣去辨明古文字的形體

乙　對照法——或比較法

丙　推勘法

丁　偏旁的分析上

戊　偏旁的分析下

己　歷史的考證

子　圖形文字的研究

丑　字形演變的規律

寅　字形通轉的規律

卯　字形的混殽和錯誤

辰　文字的改革和淘汰

巳　每個文字的歷史的系列

庚　字義的解釋

辛　字音的探索

五　研究古文字的戒律

六　應用古文字學

甲　古文字的分類——自然分類法和古文字

字彙的編輯

乙　研究古文字和創造新文字

附

下編正譌

古文字學導論

秀水 唐蘭

下編

一 為什麽要研究古文字，和怎樣去研究牠

許多人研究古文字的目的，不過是想把古代多知道一些。由甲骨金文的認識，我們可以知道一部分古代的歷史和文化，由文字的形象，可推知初造文字時的一部分文化，由文字形體的變遷與譌誤，

也可以做校勘古書時的一種幫助。

誠然，研究古文字有這些用處，但是把研究的目的，僅限於這些，却未免太狹小了。我們不妨把古文字做考古的一種工具，但不要忘記牠們在文字學上佔有極絕重要的位置。

舊時的文字學，所研究的對象，只有小篆，古籀的材料太少，不能研究。隸書以下，是學者們懶得去研究的，所以，範圍是狠窄的。文字學者雖想把形體，聲音，訓詁，統包括到文字學裏去，不幸，這種企圖是失敗了。語言音韻的研究，既發展為一門獨立科學，訓詁方面，又被語言音韻和文法瓜分了去，於是，所謂文字學，只存了小篆的研究，永遠去鑽陳腐的六書說的牛犄角，而找不到出路，雖也號稱為科學，但是和語言音韻比較起來，不免是黯然無色了。

但是，文字的形體的研究，是應該成為獨立的科學的。語言的主體是聲音，文字的主體是形體，我們可以把文字的聲音歸到語言學裡去，但形體卻是獨立的，我們對於音符字可以認為語言，但形符字，意符字，和半音符字的非音部分，卻不是語言所能解釋的。文字固然是語言的符號，但語言只構成了文字的聲音部分。我們要研究每一個符號的起原和演變，我們要研究出一種適當的符號，那都是文字學的範圍。

在我要創立的新文字學裏所要研究的，是從文字起原，一直到現代楷書、或俗字、簡字的歷史。這範圍是極廣泛的，但最重要的，却只是小篆以前的古文字。

由甲骨、彝器、匋、印、等文字的鉅量的發見，我們可以把小篆以前的文字史，延展了一千多年，我們從較古的材料裏，推測文字的起原，我們對於文字的構成，可以建立新的，完善的理論，用以代替陳舊的六書說，這都是新文字學裏主要的部分。語言音韻學者一定要研究古音，文字學者也一定要研究古文字，現在，文字學者不去深切的研究古文字，而研究古文字的人又忘了那在文字學上的重要地位，這是何等錯誤呢！

我們要把文字學革新，成為真正的科學，那末，最要緊的，是古文字的研究。所以，為文字學而研究古文字，才是學者所應認清的主要的目的。

至於我們所要採取的研究的方法，是隨目的而轉移的。假如我們只如一般的好古者，用賞鑒的心理來認識古文字，那就可以不求甚解的把『弭中』讀做『張仲』，『大匜』釋為『子孫』，或再從這等謬說裡添上許多附會。假如我們只要把古文字做一種工具，那就祇用找較正確的古文字彙來記熟些文字，即使有了錯誤，自己也不用負責，（自然，誠實的學者，是不肯這樣的。）這種研究，都是比較簡單的。

高明一些的研究者，能夠本着他的經驗，用他的思想，去把各家的考釋抉擇一下，承認他所信的，剔去他所疑的，再進一步，因經驗的豐富，思想的銳敏，或許對若干文字有所發明，這一定是一个孜孜不倦的專家了。但是，由文字學的眼光看來，這種研究的方法，和普通人的研究，相差並不很遠。

這些研究者，大抵可分為兩派。一派只做小部分的研究，常敢發出新奇的見解，另一派大都是字彙的編輯者，常較審慎，幾可說絕少創見，但這兩派的弊病是一樣的，他們沒有理論，沒有標準，是非的判斷，一半是經驗，一半卻是情感。

前一派的人，說「皇」字是冕形，「王」字是斧形，「辰」字是布機形，等類，像飢不擇食一樣，只顧一時的暢意，不管在綜合研究的結果是否可通，這固然是方法的不精密。後一派的人，深閉固拒，對新說往往加以懷疑，但他們所相信的字，像：[illegible]的釋為循，[illegible]的釋為熊，[illegible]的釋為遂，都是不應有的錯誤，可見不先立標準，而只謹慎選擇的方法，也還是不精密。

假使我們為文字學的目的而去研究古文字，那末，我們必須詳考每一個字的歷史，每一族文字中的關係，每一種變異或錯誤的規律，總之，我們要由很多的材料裏，歸納出些規則來，做研究時的標準。有了這種標準，就可以做有系統的研究，既不必作無謂的謹慎，也不致於像沒籠頭的野馬一樣。

我們需要大膽地推想，但不要忘記了真實的證據，和一切規則的限制。我們要搜集豐富的材料，但不要以為學問僅止于此，把腦筋弄得太簡單。我們要學了便想，想了再學，這樣，才可以發明出新規則，只有根據這種規則的學說，我們才能相信。在新的文字學裡的古文字研究，是必須有系統，而且是有規則的。

因為我們務要避免空想，所以必得研究和古文字有關的學科，必得蒐集，並整理各種古文字的材料，用以充實我們自己。又因爲我們務要避免亂想，所以得找出許多認識或解釋古文字的方法或規律。在下面，我將詳細地說到這些。

二　一個古文字學者所應當研究的基本學科

甲　文字學

研究古文字，無疑地要有文字學的基礎的。但是有些人總把這事看得太容易，以爲只要知道一些連自己也不甚了了的「六書說」，能查說文和翻經籍纂詁，能知道古聲韵的大概，就具備了自己應有的文字學的基礎了。

一個真實的學者，決不肯把學問看得如此容易的。他不會僅要知道一些簡單的常識，他一定要對每個問題都詳細地尋根究底，所以要獲得一些文字學的基礎，將費很多的力氣。

研究古文字者，往往不注意書本裡的材料，這是很錯誤的。地下材料，文字多的像甲骨和銅器，都有文體的限制，所用的文字老是這一套，所以有些文字，幾可說永不會被發見的，這種缺點，只有書本上的材料才能彌補。沒有這部分材料，就不能做有系統的研究。

不但這樣，地下發現的文字，大衆公認為已認識的只有一部分，其餘未認識的文字，有些人在胡猜亂想，有的人對之瞠目，但假如注意了書本上的材料，有些字是很容易解決的。例如：甲骨的役字，舊以為說文所無，不知這是“役”字的重文。金文的畀和覃舊所不識，近出的古文聲系在簟字下說：“竹席，从，象文之形，”其實說文“簟”從“覃”聲，“覃”又從“畀”，本很明白，既認得“覃”字，“覃”和“畀”也就應該認識了。古鉩的字，舊時也不識，汗簡止部有字，釋“徵”，這無

疑地是六國時的別體。那末，單就辨識文字的一層，也就應該注重到書本上的材料了。

蒐集書本上的材料，是一件複雜，瑣碎，而又繁難的工作。除了說文以外重要的書像：爾雅，方言，釋名，廣雅，玉篇，經典釋文，玄應和慧琳一切經音義，廣韻，以及日本人所著的萬象名義，字鏡等，都包含着很重要的材料，即稍次要的的書材料，像：小爾雅，急就篇，五經文字，九經字樣，以及華嚴經音義，三部經音義等，也都有用處。學者第一步的工夫，就得博覽這許多書，以便擷取那裡邊的材料。

有一部分的古書是久已亡佚了，但還可以搜輯佚文，而且還有研究的價值，像倉頡篇，倉頡聲類，通俗文，埤倉，字林，韻集一類，有些有幾個輯本而體例不善，有些雖有輯本而不全。在學者用功的期間，輯佚的工作，也是值得做的。

我們要在古書裡蒐集材料，材料的本身，也應當注意到。有些書很早地就有許多本子，像說文，玉篇等書，早不是唐以前的面目。到雕版以後，一本書有幾種版本，文字也都有異同。所以學者要求材料的可信，是不能不做一番校勘的工作的。

除了蒐輯材料以外，對於古書的本身，像：書裡面的體例，材料的來源等，也是學者所應弄清楚的。多看前人的箋，注，疏，釋，固然是有益，但假如自己能下一番工夫，那益處一定更多了。

一個文字學者對於這種預備的工作，是不能不經歷的，但不可把這些當成學問而便自畫了。往往有人看了許多書，抄了許多稿子，輯了些佚書，做了若干校勘記，到臨了，不明體例，不別是非，也有人墨守住一本書或一家的注釋，就不管其餘；這都是有止境的。

新的文字學的研究，是不能有止境的。要在豐富材料裡整理出全部的文字史，和變遷的規律，那末，除了研究地下述各種材料外，還得致力於各種基礎的工作，基礎築得愈堅固，研究時就愈方便，在起始時雖很費力氣，但這種力氣，是不會白費的。

乙　古器物銘學

古文字學可以說由古器物銘學的發展而產生的。有人把古器物銘考釋出來，就有人依據這些考釋而編成字彙。這種字彙，起先只有寫古籀的，刻印章的，用着牠，最後才知道文牠在文字學上的價值。

現在，古文字學已從古器物銘學裡分了出來，變成文字學的一部分，但牠和牠的老家的關係還是不能割絕的。我們要研究古文字，決不能單靠幾種字彙，而不去研究古器物銘學。因為這種研究，不是容易的，有時窮年累月，才能做三兩篇考釋，而編輯字彙的人是利在速成的，那樣廣大的範圍，不求速成，就永遠做不成。不暇把銘辭詳細研究，所以除了沿襲舊說外，不能有很多的訂正或發明，並且有些疏忽，例如把卜冎兩字誤合做卣字，靁字誤分做雨雷兩字之類，也是難免。所以，即便是很好的字彙，也只可以做參考，一個研究文字學者，同時必得研究古器物銘學。

自然，在研究古器物銘學的時候，又得明瞭許多相輔的學科。每一個器物的時代，地域，名稱，用途，形製，質料，圖案，書法等，對於研究銘文時都有關係，那末，考古學，古器物學，古代藝術，都是不能不知道的。一個器物銘辭裏面的有關於歷史，文化，氏族，地理，年歷等部分，當然是研究的重要對象，這是古史學，社會史，文化史，古地理學，或古縣學的範圍。

至於基本的學科，第一，當然要數古文字學了，因為不認識古文字,固是無從研究,認識錯誤了,也是枉拋心力。其次,古代文法,修辭學,古音韻,也是極重要的,因為僅認識了文字,不一定能讀通一篇銘辭。

或許有人說,在古器物銘學上要用這許多工夫,是太麻煩了,這種麻煩是古文字學者所不需的。但是,怕麻煩,不是學者所應有的。為怕麻煩而研究古器物銘學,或研究得不盡力的人,在古文字的研究裡,也一定不肯下苦工,這種人的研究,是不會得到鉅大的收穫的。

三　古文字的蒐集和整理

研究古文字的人，假如不願意依賴別人供給的材料，他就得自己動手去蒐集了。

一般材料的来源，不外乎攝景、拓本、景印本、鈎摹本、摹刻本、臨本。攝景和拓本，當然最好，但不可必得。景印本的價值，不下拓本，但偶有印得太壞的，還不如摹本。像：鉄雲藏龜拾遺之類。鈎摹本、摹刻本，有時和拓本相差無幾，像：攈古録金文和近出的綴遺齋彝器攷釋等。但有脫落譌誤的地方，就無從考查了。臨本的字形，每有變易，不能依據，但有時也可用做參攷的資料。

搜集材料，第一得辨別真偽，不僅器物有偽製，拓本也常有作偽的，（倚𩨨室吉金文述所收甚多。尋常碑賈所賣，也大都是假的。）就是明眼人有時也不免受欺。鑑別的方法，除了原器的鑑定外，應當在銘辭，字形，書法諸方面判斷，多看真的，自然會知道假的。但在自己的經驗沒有豐富時，最好先用前人已鑑定者來做一種標準。甲骨偽者雖多，但較易辨。見於著錄的，像鐵雲藏龜，殷虛卜辭，龜甲獸骨文字等書裡，只有幾片。金文裡假的太多，像周金文存所錄就不少，學者宜參看王國維及羅福頤所輯金文著錄表以別真偽。

第二，得定一個蒐集的計畫。甲骨有幾萬片，銅器單是兩周，已著錄的有五六千，鉨印，匋器，貨幣等材料，都是盈千累萬，材料這樣地多，要是隨便蒐輯，一定顧此失彼。所以先要決定搜羅那種材料，其次，是何種方法。

根據一種字彙修改和增補的工作，是較容易的，但這樣易於受原書的拘束。把所有的材料，剪裁粘貼，或摹下來，重行編集，固然較精密，但也有短處。有些字重複至數千，像甲骨的卜字，一一蒐集，未免太笨。或模糊殘缺的地方，往往不能加以注意，難免訛脫。最好的方法，還是先編成了一種精密的著錄表，再按表去蒐集。

材料蒐集來了以後，就得做整理的工作。因為依照上面那種方法去蒐集的結果，一定有很多的單字，每一個單字又常有很多的寫法，假如不去整理，一定茫無頭緒。

整理的方法，是依着各人的喜歡和經驗，把這些材料編集成有系統的長編。用說文部分的方法，用分韻的方法，或其餘的方法，都可以的，用自然分類法，當然更好。這種分類法，後邊另有說明。在每一個單字裡，要把各種不同的字體，依着時代和地域的區別而列成一個系統。

四　怎樣去認識古文字

甲　怎樣去辨明古文字的形體

材料經過整理之後，我們就要求對於每個字的認識和了解了。在這裏第一步得把字的形體筆畫都弄清楚了。普通人能看摹寫刊刻的文字，因爲筆畫是清楚的，但到了原器，拓本和影印本，有些筆畫就不能辨認了。

古文字形體的難辨認，有好幾層原因：

契刻鑄范的不精，往往使文字的筆畫錯誤，脫漏，雜亂，例如：吕才在甲骨中，有時只作||| 刂，龜甲獸骨文字一卷十八葉有骨凹刻辭云：口秝示三乂出一

丿完，朿乃𠂔之刻譌，（商承祚錄于禾下，非是。）金文范誤之字最多，如：⿰東彡字誤作⿰東彡，（中殷父殷）霝字誤作⿱罒頁；（齊大宰遷父盤）有時脫漏一字，就在上面補刻，又有錯誤，像矢盤把爽字刻成𣏟，就是一例；至於每字的偶缺一部分，更是常見；六國後兵器一類上所刻，尤多雜乱。（圖十二）

古器物歷時既久，不免毀（磨滅）損破碎，或為土斑銅鏽所掩，因而字畫不清及有殘缺，例如：甲骨的鳳，（鐵雲藏龜一四三葉第一片）羅振玉誤釋為巫，不知這是鳳的殘字，（同書一八八葉三片，與上辭略同，但鳳上的从形尚略存。）淅陽刋石的工字，前人都寫為王，不知中筆乃石校。有許多甲骨或銅器，明知有許多文字，但磨泐到不能辨筆畫，也是無可奈何了。（大良造鞅戟云：□年大良造鞅之造戟□年上泐年字但存下半，作仐，集古遺文缺而不敢釋，亦其一例。）

古器物出土後，給俗工剔壞，例如：鼄字作□，（山東圖書館藏滕縣所出鼄義白鼎。圖十三）凡是滕縣所出銅器，文字多剔壞。□字作□。（程氏所藏保信母壺圖十四）

拓本模糊，印本惡劣，至不能辨認筆畫，尤是常有的事。例如：交尊的□字，誤認為卲，匽侯鼎的□字誤認為同。集古遺文摹錄者瀘鐘錯誤最多，曾子中宣鼎誤譯為馬，都是拓本不清晰的緣故。契文舉例裡所舉甲骨文字很多錯誤，是所根據的印本鐵雲藏龜不好。

摹本和臨本的錯誤。攈古録、集古遺文等書，都是摹本中較精的，但都不免錯誤。臨本就不用說了。

在材料方面，有這許多缺陷，使研究者感到困難。但有些錯誤是學者們自己造成的。最易犯的毛病，有三種：㈠古時書法，對於分布方面，不像後世的整齊，學者常把一字誤為兩字，像（汅）字誤認為匕乙，又、把兩或三字的合文誤為一字，像又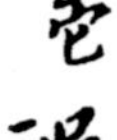誤認為挖字，又把一字的旁邊文字的一部分，割取過來，併成一

字，例如：羅振玉所釋的濩字中，有作□形，實是□隹二字之誤，見鐵雲藏龜百六九葉一片。又把一字上下的文字的一部分割取過來，併成一字，像□□（□□）誤併成□字。見貞（二）在原器上的斑銹（或剝蝕）和字形相近，或因拓本的摺紋裂孔影印後不能詳辨，遂誤認為文字的一部分，愈是小心謹慎，愈易犯這種毛病。例如：甲骨文編坿錄有□字，其實是木字，原文云：癸卯卜，□，于羽□未酒衣。（下缺）見鐵雲藏龜四十葉二片。因未字旁本有卜兆裂紋，遂致誤認。又卷□一的三字下所錄有☰形，即因拓本損壞，致多一形，見殷虛書契後編卷上二十五葉十片；殷契佚存四三三片有□字，原文云：貞□

王簠（匕口己）禳考釋誤寫做禳，四四一片有[illegible]芍字，考釋誤寫做[illegible]，這也都是沒有詳辨的緣故。(三)因文字殘缺，拓本模糊，（或印本）以致誤認的。例如：殷虛書契前編有[illegible]亥卜（缺）雈䎣（缺）一辭，（六卷十七葉六片）䎣字當作[illegible]，因下方折損，但存[illegible]形，諸家便誤摹做[illegible]，番生毀（簋）䚃遠能猷，䚃字本作[illegible]，昔人誤摹做[illegible]，也都不免疏忽。

所以，認清字形，是學者最須注意的，假如形體筆畫，沒有弄清楚，一切研究，便無從下手。認清字形的方法，首先要知道，文字的變化雖繁，但都有規律可尋，不合規律的，不合理的寫法，都是錯誤。學者有了文字學的根底，和認古文字的經驗，便該對每一個字的寫法，先有一個成竹在胸，不要給那種錯誤迷惑了。其次，學者在辨識一字時，就得把銘辭想法讀通，這也是減少錯誤的一法。

如發見拓本或印本模糊，摹本臨本有錯誤，應該找別種本子，如找不到別種本子，那只好闕疑。至於原器范誤或剔損的字，只可以做參考，不能用以做研究的根據。

許多初學書法的人，最怕剝泐較多的碑誌，要他們在蠶叢裡闢鳥道，確是一件狠困難的事。初學古文字的人，也是這樣，拿上一個字來，便覺得無從下筆，自然動輒得咎了。

會寫字的人，是先知道什麼字要怎樣寫法的。

乙　對照法——或比較法

有人說：「研究埃及古文字的方法是科學的，而研究中國古文字的方法是非科學的，因為我們不能得到像羅塞達刻石 Rosetta stone 一類的東西，——那是用埃及的象形文字，通用文字，和希臘文字，三種，對照着寫的，——所以不會有商坡弄 Champollion 一樣的成功。」

說這樣話的人，一定對於中國的古文字學不很熟悉。因為他們不知道中國的古文字學完全是由對照法出發的。

埃及文字是已被忘却而重行發見的，但中國文字是從很古的時代，一直到現在，還是行用的，所以，研究埃及古文，必須靠羅塞達刻石做鑰匙，而中國文字裡最古的○或⊙，山，艸，卄等字，和現代的日，山，艸，行等字，却不需要任何鑰匙，就可以得到比較。中國古代文字和近代文字的比較，至少比用希臘文字和埃及文字比較更可靠些。

但是，古文字和近代文字的差異，有時很多，說文解字一書，就是這兩者中間的連鎖，自然，嚴格說起來，這種連鎖應屬於小篆和六國古文的，因為這種材料，現在留存很多，即使沒有說文，也沒甚關係。而魏三體石經用六國古文，小篆，隸書，三種文字對照，正和羅塞達刻石相仿，但我們對於六國古文的認識，也並不是非此不可的。

因為周代的銅器文字，和小篆相近，所以宋人所釋的文字，普通一些的，大致不差，這種最簡易的對照法，就是古文字學的起點。一直到現在，我們過見一個新發見的古文字，第一步就得查說文，差不多是一定的手續。

對照的範圍逐漸擴大，就不僅限于小篆。吳大澂孫詒讓都曾用各種古文字互相比較，羅振玉常用隸書和古文字比較，不失為新穎的見解。例如用「戎」和「我」對照之類。新出的材料，像：三體石經，例如：用介和穴比較，知道意釋免。西陲木簡，唐寫本古書等，尤其是近時學者所喜歡利用的。

雖是這樣，卻還沒有人儘量地利用這種方法，因而有好些很容易認識的文字，至今未被認識。例如：丑字，二一甲骨和銅器裡常見，向來沒有人認得，有人釋做「癸」非是。假如我們去讀詛楚文，就可以知道是「巫咸」的「巫」字，說文作巫，反不如隸書比較相近，巫誤為巫。金文有𥲤字，以前也不認識，由此就可知道是𥲤字了。史懋壺：親命史懋路𥲤。昔人或釋做筭，非。

應用這種方法時，得知道古文字裏有些變例，像：反寫，倒寫，左右易置，上下易置等。不然，往往因寫法不同，很容易識的字，都變成難識了。

反寫例在古文字裏最多，人字應作𠂈而寫作𠂉，㔾字變作卩，除了少數的例外，像𠂇又不可寫作𠂈ナ之外，凡是左右不平衡的字，幾乎沒有不可反寫的。在複體文字裏，還有只把一邊（或部分）反寫的，例如[illegible][illegible]字寫成[illegible]，[illegible]的字寫成[illegible]之類。（注意）說文例的反人為匕，反正為乏，等，在古文字裏是不適用的。

倒寫例，左右易置例，上下易置例，也都是常見的，不過較難辨，所以專家也會被朦住。例如：[illegible]習寫成[illegible]，金文編放在附錄；[illegible]字摹作[illegible]，乃是誤認，（非倒寫，金文編已改正。）[illegible]字放在言部，不知就是「[illegible]」字；[illegible]字羅振玉釋做冀，不知就是「桒」字。（原文云：「才桒地名。」見殷虛書契前編二卷十八葉六片。）

應用這種方法時，還有應該十分注意的，就是不要把不同的字來拉在一起。以前的學者往往隨便把兩個畧髣髴的字，併了家，例如：薛尚功把冉再字釋成「䦁」，（朱本薛氏款識四十二葉。）「舉字按集許印林云：『䦁音舉，爯再也。冉乃再省耳。』」林把𡈼字釋做「劉」，（攈古錄一之一卷十九葉引許說云：「字作𡈼，此足證劉從閈門之丣，不從開門之丣。」）孫詒讓把𦍋釋做「馬」，（名原上六葉及契文舉例下卅九葉。）羅振玉把兕（彔）釋做「馬」，（詳見余所作獲白兕考。）容庚把𠦪釋做「蔡」，（金文編一卷六葉云：「蔡，𥫗三字石經古文作𡘋，故得定為蔡字。」今按𡘋字從大，與𠦪象獸形，大不相同。甲骨習見𠦪字，即希字，希可借做殺，也可借做蔡，邦尗佀經的𠦪字，也就是希字。戩壽堂殷虛文字卅三葉九片又別有𡙇字，和金文同，可見𡘋不是𠦪字。）這種錯誤的例子，是舉不盡的，學者做比較的工作時，應該十分嚴密，才好。而且，無法比較的字，就得用別種方法去解決，萬不可胡扯乱湊，把自己墮入魔道裡去。

丙 推勘法

除了推勘法以外，往時學者所常用的方法，就是推勘法。有許多文字是不認識的，但因尋繹文義的結果，就可以認識了。雖然，由這種方法認得的文字，不一定可信，但至少這種方法可以幫助我們去找出認識的途徑。

劉原父，楊南仲一班人所釋的文字，在現在看來，雖多可笑，但是他們在古器物銘學開創的時期的裡，已經建樹了不少功績。他們能把十字釋做甲，尗』字釋做『叔』,就是很好的證明。他們根據成語,就把『釁壽』釋做『眉壽』;根据彝例,就把『宷又下國』讀做『奄有下國』,根據叶韻,就把『高弘又𢟪』讀做『高弘有慶』,這都是應用推勘法而得的。

和對照法一樣重要的推勘法,在目前還是不可缺的,金文裡地支的『子』字,是一千年來的一个啞謎,由於甲骨上干支表的發現,我們可以推勘出來了。金文的『丂』,以前誤釋做『攷』和『乃』,『丏』字誤釋做『刋』,劉心源才讀做『氏』和『于』,這就是由推勘文義而得的。甲骨文的『㞢』字,舊時誤釋做『之』,郭沫若才讀成『有』字,也是根据文義而推得的重要發明。

但是，這種方法，不是完全可靠的。「弔」字本應釋做「弔」，吳大澂，羅振玉等硬把来當做「叔」字解說，就錯了。因為金文是另有「叔」字的。（金文編以為弔和從弔的字，都是叔字之誤，而把叔字列入附錄，也不對。）「弔」字後世讀為「叔」，所以就借用「叔」字，正和「舋」（今誤為「釁」）的借用「眉」，「竈」的借用「奄」，是同樣的例子。那末，推勘法只能使我們知道文字的一部份讀音和意義，要完全認識一個文字，總還要別種方法的輔助。

單（不過，）是這一些用處，對於我們的裨益，已是不小

了。金文裏的「亢」字，前人誤釋做「太」，我因「亢」字小篆作戉

「亢」，推知「亢」就是「亢」，亢。但最重要的證明，是「遣元」，趞「朱

元」（微衍）的就是「𢓊衛」「朱衛」。曾伯𩂣簠的「黹」舊摹作「黹」，非。前人

誤釋做「業」，容庚引「悊聖元武」：「孔黹」，以為釋「業」和文中用韵不合，因改入附錄。郭沫若仍釋做業，

以為和「午」、「武」合韵。我在字形方面，認為當是黹字的變體，

而休盤的「黹屯」，𩐨父毁的「黹屯」，都就是「黹屯」。「黹屯」金文

習見，吳大澂釋屯為裳，誤。「黹屯」就是顧命的「黼純」，「仕表孔記：縓純，緇純」，注：「飾裳在幅曰紕，在下曰緆。」飾衣曰純。所以金文常說「玄衣黹純」。

是第一個有力的證明。簠銘說：「隹

王九月初吉庚午，曾白𩂣悊聖元武，元武孔「黹」，克狄

淮（淮）尸（夷），印燮繁湯，金衜（錫）行，具既卑方。」「午」、「武」是

韵，「蔺」「尸」是韵，「湯」，「行」，「方」是韵。（「蔺」訓「鉄衣」，有工緻，緻密的意思，引申出来，就有善的意思。「蔺」「至」聲相近，詩人注，節南山箋，鄭說「至」猶善也。）是第二個有力的證明。金文的「𤔲」（見卿彝，舊稱辛巳彝）以前不識，（或釋糾，或釋吳）薛氏款識敔𣪘說：「王令敔追𢓊于上洛㤅谷」，𢓊字宋人釋「迎」，郭沫若釋「御」，從形體上說，𢓊是𢓊的譌體，從文義上說，釋「御」（禦）恰是合適，所以我以郭說爲是，而𤔲字就是卲（𤔲）字，也可以證明了。

我舉（在上面）了兩三個例子，狠夠證明這種方法的價值了。不過，在研究的時候，千萬不可拋開了文字的形體。有人把金文的「孚」字，附會尚書的「俘」字，不知金文原有「平」字，這種路是走不通的。但這種病學者犯的很多，把叀字釋做囊，也就是一例。至於葉玉森一流，「今」竊釋做「今夏」，「今」釋「今昔」，「今燃」，又都是「今夏」，這種方法，好像學畫的人，專畫鬼魅一樣，也就不值得抨擊了。

丁　偏旁的分析上

分析偏旁的方法，宋人已經用過，例如博古圖錄在秉中鼎裏說：

按王安石字說秉作𥝌，从又从禾。此上一字，作𥝌，以象禾，以又以爲手，乃秉字也。

又在周公鼎（原作文王鼎）裏說：

彝説文云："宗廟常器也。从糸，糸綦也，廾持米，器中實也，彑聲。[illegible]。"今彝其首作[illegible]者乃彑也，其左作[illegible]者象米形也，右作8者糸也，下作[illegible]者廾也。

但是應用這種方法的時候極少，而且多是很容易認識的文字，一遇見難辨的文字，還是任意猜測。

清代學者的説文學較深，不知致於到王安石字説裏去徵引小篆了。除了陳慶鏞、莊述祖、龔自珍一班妄人外，像：嚴可均、徐同柏、許瀚，以至吳大澂、孫詒讓等，雖則學力有高下的不同，但每解析一個文字，總都有些依據。

𣪘字宋人釋做敦，錢坫說，說文解字簋從竹從皿從皀，此所寫之皀，即皀字。皀讀如香。此則改竹皿而從攴。嚴可均也把𣪘釋做簋。錢和嚴都精於說文學，所以能有這種發見，但一直到最近，黄紹箕容庚相繼推闡這一說後，才得多數人的信從。由這一事看來，許多學者總是故步自封，厭聽新說，儘管你用科學的方法有鐵一般的證據也不會被採納的。所以，清代的學者，儘管熟習說文，而在古文字學方面，沒有很大的發展。

乾、嘉、道、咸時的學者，對於說文，很少人敢有非議，所以在那時候的古文字，只夠做說文的輔翼罷了。同光時的學者才知道古文字的真價值是超說文的，於是古文字學就日漸昌大起來了。以前只偶尔舉金文来比較篆文，現在要用金文来補正篆文了。

在這一个趨勢裡，孫詒讓是最能用偏旁分析法的。我們去繙閱他的書来看，每一個所釋的字，都是精密地分析過的。像由㐭字作㐭，知㐭也是㐭字，又知道𣎆是啚字，𪔂𪔂也都是啚字異文，𢿱𢿱從㐭從殷，𨭕字從稟從金，𪔂字同𪔂，𪆧字從爿從夲下從門即㐭首，亦即牆字，𪔂字從攴為𢿱字，而啚字作𠤟𪔂𪔂𪔂𪔂等形，圖字作圖圖圖圖圖等形，可和𪔂鏤等字偏旁互證。可參看孫氏所著治原他的方法，是把已認識的古文字，分析做若干單體，——就是偏旁，把每一個形體的各種不同的形式集合起來，看牠們的變化；等到遇見大衆所不認識的字，也只要把來分析做若干單體，假使各個單體都認識了，再合起來認識那一個字，這種方法，雖未必便能認識難字，因為有些字的偏旁，雖是可但識一湊合後卻又不可識了。但由此認識的字，大抵總是顛撲不破的。有些錯誤，是因偏旁分析不精所造成。

孫氏所釋的文字，在我們現代的眼光看來，當然有很多不滿意的地方，這是不足為病的。他的最大功、績，就是遺給我們的這精密的方法。這種方法前人雖偶然用過，但完全用這種方法來研究古文字，卻始於孫氏。有了這種方法我們才能把難認的字，由神話的解釋裡救出來，還歸到文字學裡。

現在，知道這種方法的人是很多了，然而，在沒有這方法的時候，要知道固然很難，在大家熟知以後，要實行也正匪易。知是一件事，能行又是一件事。僅僅能用這種方法，還是不足道的，能處處應用，永遠應用，才算真能懂得這種方法。

商周彝器裡的金文，在古文字裡，算是很好認識了，但是，即便學者以（閒）為已認識的字，要是一分析偏旁，往往有許多錯誤。例如我前面所講到的𠕒，上半從䍃，可用𦥔𤔔字做証，下半從象，是很容易認的，而金文學家釋做「𪏰」。（我在十幾年前就發此說，一般學者不謂為然，直至最近，郭沫若在卜辭通纂裡誤用舊釋，但我告訴他後才引以訂正。）𡕒字從交從一，應當釋做「𧰽」字，（說文𧰽字古文之偏旁作𧰽，即此字。）而向來都誤為從八從豕的「豙」，（金文自有豙字，作𧰼。）而在盂鼎的「述」字，又誤釋做「遂」（𨘢），遂鼎的𨗴遂字，又誤釋做「遂」。𡳿字從丮從生，而釋做「對」。𠃌字從弓從丨，應是引字，而釋做「弔」。（𢎨或𢎨，舊釋為䠶亦非。當釋為㢸或弦，後誤為䠶。𢎨則𥏻字，後誤為射。）這種錯誤，在謹嚴的文字學者是不應有的。

在甲骨文字裡，這種錯誤，尤其多了。在這裡，我們不能不歸咎于闢叢的羅振玉氏，他老先生雖則把許多心得教給我們，但同時却播下了無數的種子——錯誤的種子。他是不很講究分析偏旁的方法的，所以儘管把□、□、□等字，釋做帚、帚、歸，而把□、□、□等字，釋做「彗」，按當爲夒、歸夒、婦四字。□□字釋做「冀」，按當釋夔，□即掃之古文。□、□二字，並釋做「牧」，按當釋擾及帰，讀爲侵。「清華第一葉云：'□方出，擾我亦□田七十人」又云：'土方正于我東啚，戋二邑，□方亦帰我西鄙田」，正讀做征，那末擾和帰當讀做侵，是無疑的。羅氏誤讀做「牧」，把卜辭列到「□牧」類裡，這段歷史的真相就湮晦了。羅氏後的學者，都以訛傳訛，不想去改正，這真是太可惜了。反而把□錯之本字字釋做「埽」。他會把諂詪餟艮等字釋做「謝」，他會把盜字釋做「浴」，兆字釋做「洗」。這一類的釋文，幾乎佔他所釋的十分之四五。總之，他在發現這新的古文字以後，創通條例的心太急了，所以對於較難認識和無可比較的文字，就蹈了宋人釋金文的覆轍，任意推測起來。這個惡例一開，許多妄人就得了捷徑，不用通說文，不用識金文，只要獨坐冥思，就可以認識甲骨文字，高談孔子所不知的殷禮了。

古文字的研究，到孫詒讓才納入正軌，他的精密分析偏旁，和科學方法已很接近了。但在甲骨文字的研究盛行後，大都用的是猜謎法，因而，古文字學暫時呈露出退化的現象。

戊　偏旁的分析　下

我在上邊推崇孫詒讓，是推崇他的方法，至於他所釋的字，一一推究起來，却很多可議。這並不是方法的不好，却是材料不夠，並且孫氏有時也不免疏忽。

他用這種方法時，最要緊是偏旁認清楚。[illegible][illegible]字從[illegible]，孫氏誤認做[illegible]，這是把筆畫略近的字混殽了。

偏旁釋定了，不能改讀。⿱盦廾字從爵形的⿱亼⿱皿豆，孫氏所釋本不錯，但偏要讀做揩；⿰金稟字從金稟聲是很明顯的，但偏要說是從懍省，不從稟；這都是把文字来徇自己的成見。

古文字變易簡省，大都有史迹可求，不可率肊猜度。⿰鬯巳（夔）字，孫氏釋做上從⿱鬳殳省，下從嬰省，又把丮形（釋）為夙省，⿱⿲阝畺阝廾（⿱⿲阝畺阝廾）字釋做從𦥑省，𢍏省，名聲，雖都竭盡穿鑿的能事，但總不免迂曲。凡是省簡的字，必有原形，但如孫說，不省時不能成字。

原始古文，本不易推定，孫氏時材料也太少，勉強求之，自多錯誤。把□釋做了十二，把□（和亞）釋做黼黻，把□釋做牛，□釋做獲，這一類在現代學者或者以為可笑，但處在那個時代，却是無可奈何。

這些缺點，在孫氏方面，我們是要與以原諒的。但在我們自己方面，却應力加檢點。孫氏在文字學和古書都有狠深的根底，詮釋古文字的時候，不免先有些成見，弄成拖泥帶水。我們在研究古文字的時候，得把成見完全掃除，專用客觀的分析。

我們第一得把偏旁認真確了。第二，若干偏旁所組合成的單字，我們得注意牠的史料，假使這字的史料亡缺，就得依同類文字的慣例，和銘詞中的用法等由各方面推測，假如無從推測，只可闕疑。像雙手捧爵為勞，雙手捧帚為謝一類，偏旁雖近是，所釋字却全無根據，這是應當切戒的。

因為學者們不去用這種方法，即便偶然用了，也不精密，所以古文字的園地裡，大部分還是荊榛待闢，許多文字，還沒有人認識，有些是被人認錯了。例如：鼄公華鐘有「昚為之□（銘）」，前人誤釋做「聽」，文義不順，我因這字上從□，月下從□，口，決為「名」字（銘字；月字本與夕通用，例如外，作外。郭沫若金文辭大系亦釋「名」，與余同）。甲骨文的字□字，前人誤釋做「⿱向止」，迴 我改為從宀正聲，即「定」字；近出古文聲係即本余說改⿱宀正，錄作定字。這種字一經考定，似很容易認識，但在未考定前，就是小學專家，也常會終身不悟。

如其僅拿一兩字來說，這種方法應用的範圍，似乎太瑣小狹隘了。這種方法最大的效驗，是我們只要認識一個偏旁，就可以認識很多的字，現在，我不妨就我認識的文字，抽出兩個偏旁來做例子。

(一)冎字 在古文字裡從冎的字，以前是不認的，我推出了⿵冂厶就是冎，於是下面諸字便可認識。

⿰彳⿱冎止 過 過伯𣪘。昔人誤釋「追」、或「連」。金文編入附錄。

藉　魚鼎匕說：「藉入藉出，毋處其所」，舊不識。今按從骨至顯，當即「蔔」字。匕銘假為「滑」字。

歍　殷契佚存九五〇片。舊不識。今按當即「歍」字。

(二) 斤字

從「斤」的偏旁，在周代金文裏作、斤等形，是誰都知道的，但在甲骨金文裏有很多的從斤旁字，至今未被人認識。我尋出了這偏旁的寫法，例如：

並「斳」字　見後編下二十葉五片，藏龜一四二葉四片，後編下廿二葉十八片。舊並不識。按說文蘄從斳聲，但沒有斳字，大概是遺漏了。

旂　戩壽堂殷虛文字四七葉九片。王國維釋「旂」，近是。按此字從㫃斳聲，舊以為從旂從單，誤。

[illegible]　前編四卷八葉六片。舊不識。按卜辭[illegible]或作，可證即[illegible]字。

斦　前編五卷二一葉三片。舊不識。按𠂆古石字。

 ⿰糸斤　後編下二一葉三片。舊不識。此字說文沒有，疑是繫的本字。

 ⿱斤廾（兵）　後編下二九葉六片。舊不識。按殷契佚存七二九片云『貞出兵茻』。

 ⿰阝斤　前編四卷四三葉五片。舊不識。按此字說文沒有，金文折或作斦，疑此亦斷字。

 ⿰山斤　佚存七〇八片。舊不識。此字說文遺漏，古書習見，或作崁。

 ⿰朙斤（昕）　佚存八九九片。舊不識。按明或作朙，可證此即昕字。

 肵　殷契卜辭四一一二片。舊不識。此字說文沒有，疑是肵的本字。廣雅釋器『肵，脂也』。說文缺。

 並『⿰弓斤』字　見前編五卷二四葉五片，六卷三六葉五片，龜甲獸骨文字一卷十一葉二片。舊並不識。按此字說文沒有，疑是⿱斤弓的本字。玉篇⿱斤弓同⿱折弓，說文闕。

 弢　前編六卷三六葉三片。舊不識。按詳上。

 斧　前編二卷四葉三片。舊不識。

 並「新」字　前編一卷三十葉五片：「新常」，七卷十四葉一片：「出新森」，後編下三葉，十二片：「新常」，九葉一片：「出新大品」。舊並不識。甲骨文編把當做「匕辛」合文，大誤。按「新」字說文沒有，當即「新」字，

 新，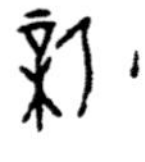，　前編五卷四葉四片，佚存五八〇片。舊並不識。

 新　藏龜拾遺十四葉十九片。舊不識。按當即寴字。

 寴　佚存一三三片，二一七片，並云：「寴宗」。舊不識。說文闕此字，當是「新」的繁文，從宀新聲，猶「親」或作「寴」。

 斳　前編一卷四七葉六片。舊不識。今疑即「析」字。

 斳　後編下二三葉七片。舊不識。按從當是葉字，斳就是析的異文。

 所　佚存八五八片。舊不識。按此字不見字書，未詳。

𠂆斤破　前編八卷六葉一片。舊釋為「石」、「㧉」二字，誤。按
𠂆　此蓋所字異文。

由此，我們可以推出「斤」字在甲骨裡作𠃌，或作丆，前編八卷七葉一片的𠃌字，也可以釋做「斤」。利用這个方法，我們可以多認二十多個前人未識的字，並且，以後再碰上了從「斤」旁的字，也有了辦法，不致於說「𠃌」象矰繳之形，而束手無術了。

一般學者所已認識的甲骨文字，不過一千字左右，而且還有許多錯誤。假使我們有了方法再去整理，至少可以使可識的字增加出一倍來。有些朋友不肯信我的話，以為是大言欺人。他們用慣了手工

製品，意想不到機器的大量生產，無怪要視為奇蹟。但在新文字學的觀點上，這是毫不足奇的。用舊時的方法去研究，偶然也可發見十個八個字，但大體上是有限制了。所以，我們所認為最重要的，是研究出更精密的方法，至於能多認識若干字，只不過這利用新方法的結果而已。

己　歷史的考證

往時的文字學者研究古文字的方法，不外乎對照和推斷，假使沒有可供對照的材料，和孤文隻字無法推勘的時候，就絲毫沒有辦法了。

有些人不甘拘束於沒有辨法的境地，就任意去猜測，自然，猜不對是常事，因此，已發見的古文字裡，確然可認識的，只有很少的一部分，其餘的部分，儘管猜的人很多，各有各的巧妙的戲法，但終無補於難字的認識。

因此，我在上文提出了分析法，這雖是許慎在說文解字所常用，但在古文字裡，只有孫詒讓曾充分地應用過。這種方法是必須分析偏旁而不能隨便猜測，所以，如其能把許或孫氏方法的缺點找出，加以修正，如其能精密地應用這種方法，其結果，一定會確實可靠。

這種方法正是救往時的對照和推斷法的窮的，雖則有些文字是找不出對照的材料，而且推測不出牠們的意義來的，因為本是人名或地名，器物的殘缺不可句讀，和器物的銘過於簡單，或本是隨意塗寫的，種種關係。只要字形清晰，我們依舊可以認識。這種方法是科學的，因為這是根據全部已經確然認識的文字歸納出來的。往時的學者可以憑他的理想去認識一個字，他所持的理由的奇怪是別人所想不到的，但在現在，我們舉出這一個方法，和化學方程式一樣，任何人都可以去試驗，只要能精密地試驗，其結果總會是一致的。

這種方法固然是科學的，但還有兩種缺點，第一，這種方法很難應用到原始的單體文字，因為有些原始文字，和後代文字的連鎖是遺失了的。第二，愈是分析得精密，窒礙愈多，因為文字不是一個時期發生的，而且不是一成不變的，假使嚴格地認定一个型式，那末在别一个型式下面所組成的字，就無法認識了。

但我們不能因此就廢了分析法，我們需要嚴格的分析，不過，同時須注意到文字的歷史。我們所見的古文字材料，有千餘年的歷史，不獨早期的型式和晚期的型式中間的差異是很大的，就是同一時期的文字，也因發生遲早的不同，而有許多的差異。文字是活的，不斷地在演變着，所以我們要研究文字，務必要研究牠的發生和演變。

這種研究，以前雖間或有過，但都是一二小節，例如在說文裏說到的二和一的變化，屮和艸的通用之類，後世學者沒有注意到這上面，所以沒有什麼進步。

我們精密地分析文字的偏旁，在分析後還不

能認識或者有疑問的時候，就得去追求牠的歷史，在這裏，我們須切戒杜撰，我們得搜集材料，找求證据，歸納出許多公例。

這種研究的方法，我稱牠做歷史的考證。偏旁分析法研究横的部分，歷史考證法研究縱的部分，這兩種方法是古文字研究裏的最重要部分，而歷史考證法尤其重要。向來文字學者，對於偏旁分析，已經不很注意，即偶尔注意到，也不能精密，至於歷史的演變，更是茫無所知。所以，古文字的研究，雖已有了很長的時期，其成績却是太微了，甚至於我們不能把牠當做一種科學。

著者最初研究文字學的時候，專想替說文做注，受了吳大澂孫詒讓二人著作的影響，才研究金文，其後又受了羅振玉王國維的影響，才研究甲骨文。那時，我已經注重偏旁的分析，對各家的錯誤，常有檢討，對於羅氏所用的方法，尤感不滿。

但是，困難就由此出來了。前人釋錯的字，可以用分析偏旁的方法來校正，但有些字不能說是釋錯的，而分析出來的結果，却完全不同，例如：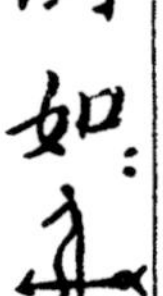字舊釋『䠶』，由金文的『射』作，『䠶』作看來，似乎不會有問

題，但就偏旁分析起來，[illegible]字從矢從引，應當是『矧』字，
又像：⿰射點字就偏旁分析起來，應當是從每從亢的『毓』
字，但在卜辭裏卻一定得讀做『后』字，這種歧異，在一
般人是不會注意的，在我，卻成了重大的矛盾，死守
定方法，便和事實相背，不然，就要說方法不對。
近幾年來才明白研究文字要用考證歷史的
方法，這種矛盾也就消失了。[illegible]字應識做『矧』，本是張弓發矢的意義，後來假
借做『況』（也）的意義，而發矢一義的『矧』卻誤成『䠶』，因此分
歧做二字，『矧』或『𢎪』字保留原來的字形，而『䠶』或『射』字
保留原來的意義。至『毓』字本作⿰射點，或作⿰身占，後來⿰身占形
被誤識為『居』字，『居』字本當作𡰣，因改寫作后，（見結虞
問鑃）又誤作后，『逆』和『司』字的反文作后相混。漸漸發見了許多規律，由此，

好些以前不能識或不敢識的文字也都認識了。

文字的型式有時是長時期固定的，有一時是不斷地在流動的，偏旁分析利於研究固定的型式，而流動型式，非考證歷史不可。我們要把古文字學建設為一種科學，這兩種方法是不能缺一的。以為古文字不拘型式而忽略分析方法，固然要完全失敗，拘定了某一固定型式而不去考證牠的歷史，也一定不會有所建樹。

歷史考證法是很複雜而艱難的，每一個字有牠自己的歷史，每一小組文字，或相近的文字，在演變時有共同的規律。這種歷史和規律，我現在雖還沒有完全找出，但已夠形成一個系統。不過在這裡只能分配幾个例子於下述各別節裡，其詳還請俟諸異日。

(子)圖形文字的研究

在這書裡，已屢次說過，「文字的起源是圖畫」，所以較古的文字，往往是一種圖形。在學者間常有一種成見，以為圖形不是文字，這是錯誤的，因為假如文字不是從圖畫裡直接演變出來，那就得在這兩者間有一道明顯的溝畛，而事實上是絕對找不出來。

把𠂤(或𠂤)字認為文字，而把山或山字認為圖繪，不是文字，這種見解是矛盾得可憐。和，都公認是文字，和為什麼又不算文字呢？既把或字列入文字，那末，或戈字應屏絕嗎？狽字見集古遺文四卷三十六葉作和和，象瓿在泉上，即彖字。難道不是一脉相狽寶彝承，可以說此是文字而彼非嗎？

或人說圖形是族徽，或人說圖形是飾紋，所以不是文字，在銅器裏許多圖形，確都是氏族的名稱，但我們不能因此就說這不是文字，因為我們知道許多銅器銘文的最末，贅有氏族名稱，例如「奠井」之類，為何到了同族在銘末的大黿，見[illegible]鼎等之類，就不是

文字呢？至於圖形文字和飾紋的相類，乃是當然的事情，因為牠們同是發源於繪畫，那能不相類呢？然而夾雜在銘文中或刊在銘文地位的圖形，我們決不能認為飾文；就是夾在飾文裏面，像父戊卑盤的三字（圖十五）亞貘盤的丙字，（圖十六）雖被蟠繞在蛇形圖紋中，和亞龜盤（圖十七）相近，但確是文字而非飾紋，和作弄鳥壺銘文夾在飾紋裡是一樣的。（圖十八）

學者間所以有圖形不是文字的觀念，實是對銅器銘文沒有深切研究的原故。他們看慣了簡化了的象形或象意字，對於較近原始的象形或象意字，用畫形來表達的，茫無所措，就只好以為不是文字了。其實在卜辭裏的圖形文字，並不比銅器少，如雚字作，觀字作（下象鳳之翎。）隹字的作或作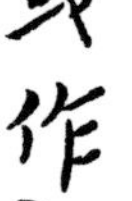，㒸的作，磬的作，鹿的作，馬的作，夒的作，埶的作之類，雖比銅器筆畫略簡，大體說來，卻比銅器裏來得更原始而近于圖繪，但是學者間沒有敢說卜辭裏有非文字的存在，何以到銅器裏卻鑽出來這樣多的非文字的圖繪呢。（銅器裏有時以龜黽或鳥獸的圖做飾攸，但必特大，且不多見。）這種觀念，顯然是錯誤的。

我以為銅器裏的氏族名稱，往往是圖形文字，和其他銘文不同，這是因當時人對氏族名稱，尚視為神聖，所以普通文字，雖隨時代演進，獨對於這一部分，總保留住最古的型式。至於把文字和花紋相雜，只不過藝術上的一派作風而已。

我們現在所能搜集到的圖形文字，只是很少的一部分，這一部分裡，又大都是原始型的殘留，和純粹殷商系或兩周系的文字相隔很遠，中間的連鎖，很多已經湮滅，所以驟然看來，以為不是文字，一其實則是學者們不認識牠們是文字。

所以，認識是唯一要件，我們將如何去認識這些近原始的圖形文字呢？下面是有五種方法，是我所經驗過的。

(一)由實物比較而得的，如：龜，黽，魚，鳥，馬，豕一類的象形，是一望可知的。這種認識是很簡單而容易，但只能限於普通習見的象形文字，而且我們須注意兩點：(1)、酷肖的圖形，(2)下沿的歷史。假如隨便比附，就可以說是麋形，是蟬形，這種認識實是太危險了。

(二)由已簡化的文字比較而得的，像：的即大，的即，的即廿和止，的即，的即，的

即竝，□的即□，奚字所從。□的即干和□，由□變干，或變為□，又變□。□的變即□，中的即中和毌之類。中或作中，變作申，省作申，又變毌。

（三）和異族圖形文字的比較，這是一樁很少把握的事情，因為各種原始文字，大都是獨立發生的，所描寫的對象，雖間或相同，而聲讀義訓，往往迴異，硬把來附會，也是極危險的。但由比較中有時能找出一个圖形的意義的輪廓，例如埃及文的□，象有環的大杯形，和□毁的□字相近，這一類或許不是無益的。

（四）由分析偏旁而得的，因為我們所見到的圖形文字，離原始時期已很遠，除了寫法稍異外，其结構和商周時普通型式的文字，大抵相近，所以利用偏旁分析法，依然可以得到很多的收穫。例如：

夢郼草堂吉金圖續編亞獏父丁鼎
舊不識，或以為莫犬二字，今按是「獏」字。

貞松堂集古遺文一卷廿三亞⿰日虹鐃
舊不識，或誤為恆字，今按從日，工，虫，是「⿰日虹」字。又見愙齋集古錄廿、十八亞⿰日虹父乙觶作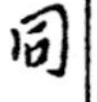同。

殷文存下廿二亞⿸㫃虹父丁角
舊不識，今按從㫃，從虹，是「⿸㫃虹」字。又見殷文存上四十刺卣作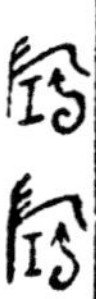並同。

殷文存上二亞厷鼎
舊不識，今按從ヨ，從乙，是「厷」字。又亞厷父乙彝同。

殷文存上三九矢白隻卣
從隹，從又，是「隻」字，即古「獲」字。又見殷文存下十六隻父癸爵作同。

殷文存下十七雔父癸爵

舊不識，或以為雙爵形，今按從兩隹相對，是雔字。又見窓齋集古錄廿、二雔父辛觶作同

匋齋吉金錄續編下五維婦壺

舊不識，或以為玄鳥二字，或以為鵻字，今按從幺從隹，是維字。

殷文存下廿六葉天子咡觚

舊不識，今按從口，從耳，是咡字。又見窓齋集古錄七、五大保毁作同。

殷文存下廿四徙觚

舊不識，今按從彳，從步，是徙字。又見上、廿一徙尊，作，敬吾心室款識下五八徙觶作同。

敬吾心室款識下六六婦聿卣

舊不識，或誤合聿為建字，今按從彳，從止，是延字。蓋作，徵誤。

和前已說過的「損」、「⿱覀象」、「覃」等字，現在不能遍舉。學者在這上面肯稍稍留意，國繪不是文字一說，立時就會粉碎，而我們的字彙，就可多出好些較原始的文字來了。

(五)歷史的追溯。有些文字，既無可比較，又不能分析，或即使分析了，還是不能清楚，就要依賴這種方法了。方濬益把「⿰亻巾」字釋做「斝」，象形，引段氏注說文「斝从斗而𠃬象形」為證。綴遺齋彝器攷釋廿三卷八葉。其後，羅振玉說，亦與闇合。從斝字推溯𠃬的象形，知道本當作「⿰亻巾」，這就是一個例子。

亞古父已盉的「⿱中凵」字，殷文存下卅二葉，器蓋銘同。就是卜辭裡習見的字，——高宗時一个卜人的名字，前人都不能識。我以為是「古」字的原始型式。盂鼎古字作，字形還相近，其證一。即申字，側書作毌。所以婦闟鼎，（殷文存上七）甗，（同十一）卣，（同四）裡的「文姑」都寫做，庚贏卣也說「文姑」寫做，可證。其證二。我們由此可知「古」字本是從口毌聲了。（凡從凵（盛[illegible]）之字，凵率為形，其例詳見上編。）

亞黿爵的字，（綴遺齋彝器攷釋十九、卅）又一器作，（攈古錄金一、二、十五）昔人錯釋做蟻形遣字。在卜辭裡也常見，作，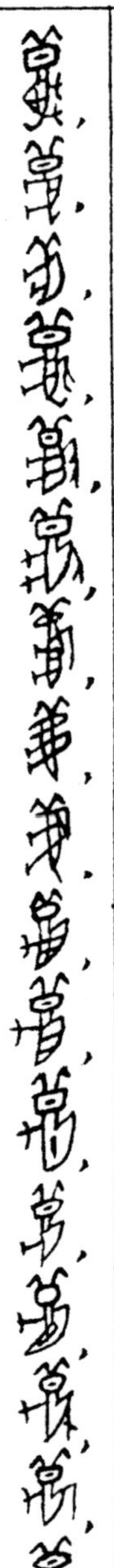等形，就是葉玉森所釋做「夏」字，而以為象「蟬」形的。我們不知

道萬字怎麼會和蟬形相象，（蟬形見丙、中、角，作。董作賓卜辭中所見的殷曆引白陶片作，花紋銅器的蟬紋，作等形，其異點本極顯著。）而「夏」字又何以要作蟬形。但在這裡，我們且先舍去這種夢囈，而看下列的比較，所舉的字，俱出卜辭。

 黽

 ⿱艹黽

我以為萬字和黽形彷彿，只有頭部不同，是毫無疑問的，所以就釋做「⿱艹黽」字。「⿱艹黽」字說文裡沒有，所以沒有人認識，我以為這是許叔重篆裡遺失了的一個字，因為牠和「黽」字太像了。萬象名義廿五黽部有「⿱艹黽」字，（按出任篇今本

玉篇「奇樛反，虬也，龍無角也」，此出廣雅，今廣雅譌作蘁。證一。原本玉篇九龠部有「龝」字（本誤作龥，今依偽象名義正）「思條反，蒼頡篇：「龝，龝九成也」……字書或篍字也。……」可見小篆本有從「蘁」的字，但今本玉篇則譌作「龝」，從龜，證二。卜辭又有「𥳑」字（後編下卅三、一）或作「𥳑」（佚存七八）。昔人也不能識，我以為當是從火蘁聲的「𪛁」字，而說文譌做「𪛁」，從龜，證三。卜辭常說「今蘁」（前編二、五、三：「今蘁其𡨦」，後編下十二、十四：「貞今蘁」，同四二、三：「貞今蘁我入商」，龜甲獸骨文字二、二六、十：「今蘁其出降𢿱」），又說：「今𪛁」（後編下三三、一：「今𪛁王其从」），或作「今𪛁」、「來蘁」（[illegible]）。我以為「蘁」和「𪛁」都應讀為說文的「龝」字，即後世的「秋」字。卜辭有春，秋，無冬夏，余別有卜辭中的春秋一文詳之。漢燕然銘秋字作𪓐，隸韻廿五四、楊著碑『畏』如秋𣅝，秋作𪓐，可見漢隸還從『𪓐』，而說文部（萬象名義也作𪓐，不誤，）誤做『𪓐』了，證四。由此，我們可以追究出𪓐字當釋『𪓐』，不過牠的意義還難明瞭，讀『黽』，讀『秋』，同是叚借，由字形推測，似乎是𪓐屬而有兩角吧。

我很慚愧，不能把要說明，只兩个例子，已占了很多篇幅，不能多舉別的了。我所經驗到的，這種追溯的工作是特別複雜而且繁難，初學者如其經驗不多，讀書未富，不妨且慢着手。但是有了把握以後，我們的眼光得特別放得遠大些。

因為原始的圖形文字，後来常變成形聲字，所以我釋□為麇，□為麇，見史學年報，□白象故這在現在不多成為定論了。原始圖形，後来常有因不便書寫而改易過的，例如□即戍字，由□變戍，再變戍。本象人荷戈形。□即足字。由□變□，又變□。本象全足形，卜辭作□，□同。按□變□與此同例。原始圖形文字，也有本很繁複，後来只存一部分的，例如：□省作□，說文作□。按本當□省做□。即"貫"字，見南宮中鼎。作□。這種說法，膠柱鼓瑟的人難免持懷疑態度，但研究原始圖形，不懂得這種演變，最後的難關是沒法打破的。

（丑）字形演變的規律

文字的形體和牠的聲音一樣，時刻不停地在

流動，變化，要是單拘定了固定的型式，就沒有法子研究古文字。但所謂流動和變化，是有限制的，每一個變化都有原因，而在同一原由下面，許多文字必定作同一的變化。這種變化的規律，是古文字研究中最重要的對象。有些人開口就說「古文字變化無方」，而不去研究變化的規律，這是不科學的。

文字有古今的不同，以前的學者也曾注意到，例如說文「帝」下說：「古文諸二字皆從一，篆文皆從二。」但這種例不很多。說文裏的古籀和或體，往往本不是同字，只因古時偶然的假用，就誤併了。例如「旁」下有籀文「雱」。

而且許氏對這些重文，大都不去解釋，因此使後来學者得了一種壞習慣，任意把不同型式的字，併做一字，而在文字的演變方面，却不加注意。

文字的演變，有兩个途徑，一是輕微地漸進地在那裡變異，一是鉅大的突然的變化。

前一種變異裡，有自然的變異和人為的變異。自然的變異，都是極輕微的，不知不覺的，例如：屮變作屮，不變作丆，大變作介，乃變作𠂊，○變作口，口變作𠙵之類，但到時代距離較久以後，也會變成很大的改異，其原来的型式，又很難認識了。例如大字變做介，又變做亣，又變做亣，一般人看慣了亣字，就不認識大字了。關于大字的考證，已見廿一葉。

人為的變異不僅是筆畫上的小小同異，由於各種理由而發生的變化，是異常複雜的，不過，假如歸納起來，實在不外刪簡和增繁的兩種趨勢。在幾千年來文字演變的過程裡，這兩種性質相反的工作，永遠是並行不悖的。

由古文字到近代文字的刪節工作，大概說來，有三種：

(一)原始文字，近于圖畫，寫的時候，太費事了。因是，有兩種簡化的方法：(1)把筆畫太肥不便刀筆的地方，用雙鉤或較瘦的筆畫表現出來，這種結果，使文字的每一筆畫，沒有肥細的歧異，和幾何裡的線一樣。例如：（大豕匕 卑斝）省做（大豕父乙觚）或省做。字（亞䍙尊）省做，（亞䍙觚）和，（亞䍙斝）或省做。（作父乙爵）省做，或省做。省做，或省做。省變做。省變做，或變（省）做，又省（變）做，又變做。省做，或省做，或省做十。（例如庫即捭字。）這一類是不可校舉的。(2)凡筆畫多而複雜的字，常趨（向）到簡易的方面。例如：（殷文存下）（十六維父癸爵）省做，變做，更省就做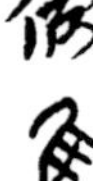，或。省做

又省做，又省做。此見《集古遺文》十一、十五分甯小器，可為余說即冡字之證。

凡是這研究一類的變異，我們當抓住每字的特點，不可沾沾於筆畫的多寡。像鼎省做片，是不能拘定筆畫的。

(二)原始文字本是各種整個的圖形，後世文字因為聯綴成篇章的緣故，有了整齊畫一的趨勢。例如：馬、象、鹿、𪊍等象形字本是一樣的，鹿、𪊍所佔地位較小，得保留原狀作、，而馬象卻得橫寫作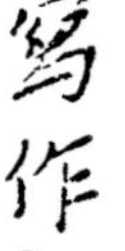和，以適應同一行中的別的文字。

到了形聲文字發展以後，許多文字都是由上下或左右兩部分組合的，由此，許多圖形文字，因為不能諧適而發生變異，例如：□字變做□，企□字變做□民，□字省做□，執□字變做□偁之類，都是由整個圖形分析成兩半的。由此我們可以推知□當即保或俘字，象人負子，孳乳為□。□當即飛字，後變為□，或為□，乃開之本字。此種變異，在探索圖形文字時最宜注意。

（三）太繁的文字，往往省去一部分。例如：□字省作□，𩫏為墉的本字。□字省作□，□字省作亞之類，又凡獸類的字，常只作首形，例如：□□□□等字，都把下半字省去了。

古文字寫的時候，常有從簡省的，例如，各字或作□嬰字或作□，楚字或作□，（楚王歙肯釶鼎）這一類都是偶然的。不過，有時也會變成定型。說文裡常講到省形或省聲，但往往是錯誤的，因為凡可以稱「省」，一定原來有不省的字，而說文裡所說，大都不合這個原則。例如說「□」是□好省聲，倘不省，便不成字。

文字的增繁，也可分為三種：

(一)文字的結構，趨向到整齊的方面，因是在許多地方添一些筆畫，使疏密勻稱，大約有五類：

(1)凡垂直的長畫，中間常加•，•又引為一，間或為∨，例如：

丨 丨 十 凡U⋃⋓等均同。

𠂆 千 千 𢆉字同。

丫 𢆉 𢆉 或變為𢆉，又由𢆉而變辛。

仌 全 全 金文[illegible][illegible]二字，舊不識，由此可知乃萃辭二字。

丆 千 千

工 工 王

火 火 夾

不 不 丕

(2)凡字首是橫畫，常加一畫，例如：

丆 丆 兀元本同字，所以阢就是蚖，髡就是髡。說文分二字誤。元本作兀，元首也。

而 而

不 不

西 西

其餘像辛、示、帝等均已見說文。

(3)凡字首為橫畫者，常加八，例如：

口 㕣 吕亦作㕣

向 尚

豕 㒸

酉 酋

像[illegible]字的變[illegible]，是例外。又此類從八，和[illegible]字不同。

(4)凡字末常加一，一下又加二或丌，例如：

此類字有時可易丌為廾，如𢍏，奠，典是。

(5)凡中有空隙的字，常填以·，例如：

月夕本一字，後歧為二。

晶即曐字。

凵 日

田 田

 西卤本一字，說文收為二。

又亩的變成亶，柱下兩點和流內一點，都是後填上去的。（鼉字由亶字而誤增。）鼉形作龜，中填四點，黽形亦同。

這種變異，在古文字裡的例子很多，不是上述五類所能包括盡的，像：萆，千，章，𨑾等字，都在一上加⊃作∋一，或作十。像：了字變做𠃨之類，即使偶然的變異，我們也應注意到。

(二)因為形聲字的盛行，在較古文字上面增加偏旁，例如罒字增作罔，蜀後來更增做蠋，韋字增做圍，𢍏字增做拳之類。

(三)因為文字的書法，成為藝術，常增加筆畫或偏旁，例如：污寫作[illegible]，加以小點，子寫作[illegible]，王子造匜增以[illegible]旁，更進加以鳥形的偏旁，就成鳥篆了。

漸變的文字，雖有古今的不同，但文字的本質還沒有變掉，牠們的歷史就是聯貫起來的。

突然變化的文字就不同了，牠們的原始型式湮滅，繼之而起的，是另外一種型式。

這種劇烈變化的理由，有些是我們想不到的，正像近世文字裏「戴」字變做「太」一樣。尤其是我們根據文字的型式而逆溯的方法，到這裏就失了效用了。

這種變化的過程，我已考出來的有三種：

(一)凡較冷僻或罕用的字，常被改為別一相似的字，例如前所說的「黽」字，被改為「龜」，「䵷」字作，本是象形，而改為從黽。由此推測，可見「蟬」本象蟬形，詳前而改為「單」，「蠅」本象蠅形而改從「黽」。黽作等形，與蠅形近。許多圖形字的湮滅，大抵因此。凡虫獸形常改從犬，凡鳥形常改從隹或鳥。

(二)本是圖形文字，因形聲文字的影響而注音後來把圖形文字省略而成形聲字，例如：字加注凡聲，後世作鳳，只是從鳥凡聲；字加注昔聲，後世改做耤，只是從耒昔聲。

(三)本是用圖形表達的象意文字，改為用音符的形聲文字，例如改做從貝毌聲的貫，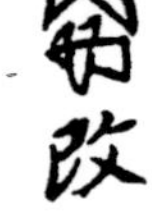改做從网予聲的⿱罒予。

這裡所舉的變化，都是型式方面的，還有很多變化，屬於字音部分，不在此篇討論之內。

(寅)字形通轉的規律

凡是研究語言音韻的人，都知道字音是有通轉的，但字形也有通轉，這是以前學者所不知道的。

通轉和演變是不同的。演變是由時代不同而變化，雖說在周初還保存一部分圖形文字，商時甲骨，夨和天，𡈼和[illegible]同被應用，但圖形文字終於消滅了，夨和𡈼也終於遺忘了，兩个時代的文字，有好些地方是截然不同的。至於通轉，卻不是時間的關係，在文字的型式沒有十分固定以前，同時的文字，會有好多樣寫法，既非特別摹古，也不是有意創造新體，只是有許多通用的寫法，是當時人所公認的。

通轉的規律，大約可分下列三類：

(一)有些型式在後世看來是很有分別的，但在發生的歷史裏，原是從一個系統裏演變出來的，所以可以通用，也可以隨便寫。例如：□字有時寫作□、□、□等形，□字有時寫作□、□、□等形，古文字裏像這一、類的別體是很多的，有時在同一銘文裏，同一的字會寫做兩樣。例如：汧陽刻石裏的兩個"西"字一作□，一作□。

□字本象人正立形，有時畫做□，金文□字也或作□。作□。卜辭"天邑商"即"大邑商"。後來把□和□別讀做"天"字，"天"是人首的意義。□字或作□，後來把□讀做"兀"，變做"元"，"元"也當人首的意義和此同例。後來又把"天"字引申做蒼蒼的天，因把□別讀做"昊"，□亦大的異形。或□，金文大或變作□，即此。別讀做"昊"，來做昊天和昊天的意義。"昊"字異構最多，作□，見昊生鐘，又見伯白虎敦戾字偏旁。或變□，見伯昊父敦及沂陽刻石，又見師𪔂鼎戾字的偏旁。或變□，見鄧伯氏鼎□或誤為□，見須白多父盤戾字偏旁。大矢古多混亂。□或變□，見說文。按說文從夰的偏旁，並由大誤。這就是現存的"界"昊字。□字變作□伯□滿𡖊字偏旁。按金文並字或作𤇾，知□本大的異形。□或變□，和□，此兩體未見。□或誤為□，見單白昊生鐘和上作□的昊生是一人。又為□，見毛公𪒠鼎，"肆皇天亡昊"。讀若𥄕。□□或變□，見績𣏌敦。凡□□形得變為目，卜辭眔字作□□。□也變□，這是說文𡖊字所從的。說文失"𡖊"字，所以說"從三大三目。"其實"□"是"大"字讀變來的，三哭為𡘙，猶三大。二人為仌，三人為㐺，二大為竝（竝）可見應有三大。𡗜字變作𡗜，此體未見。按大或𡗜，此亦大的異形。又作𡗜，𡗜或變𡗜，殷契佚存五八一片。𡗜或誤為臭，見𣪘鼎臭鼎。𡗜或變𡗜，說文："大白，澤也。從大，從白，古文以為澤字。"按說文"臭"本音"古老切"，可知即"昊"的異文。這是"臭"字。哭字變作𡗜，𡗜字也變作𡗜，金文見從頁的字，或從見和兒。𡗜或變奡，見說文。按"讀若傲"，說文引書"若丹朱奡"，今作敖。楚人稱君為"敖"，當即"兩昊"的"昊"。"奡"當即"昊"字的遺文。這是"奡"字。奡字說文訓"嫚也"，非是，當是人首的意義。𠂆字變作𠂆，和大字變作𡗜同。𠂆字變作𡗜，𡗜，又變作𡗜，和𡗜字變作哭，𡗜，又變作𡗜也同。元和天同義，可見奡也訓人首，和頁字義同。在後世雖（要）分做奡，哭，臭，奡四形，但在古時都只是一个昊字，有很多通行的寫法。我們（可以）知道許多型式是能通轉的，只要能知道發生的歷史。

(二)凡同部（即由一個象形文字裏孳乳出來的。）的文字，在偏旁裏可以通用，——只要在不失本字特點的時候。例如，大，人，女，全象人形，所以在較早圖形文字，常可通用，像：

雖在後世文字裏，竟（即竟字，今佚。）和妾不同，美和羌，善，異讀，奚字的別體，變成了傒和媄，但牠們原來的關係，很明白地已自己呈露出來。

從人形的字，常有通轉，例如：□字作□，首和欠字一樣，□字作□，有手和𠂇一樣，□作□，亦增手形。□字作□，□字作□，□字作□，□字作□，□字作□，下半和□字一樣；□字增□，像尾字一樣，□或作□，增足和企字一樣；欠，□，卩，尾，企等字，本是有區別的，在偏旁裏却常可通用。

從水形的字，常可以不拘於□□□□□等形式的，從手形的字，常可以不拘於□□□□□等形式的，廾形和𠂇通，艸形和茻通，屮形和木通，這種例一時是舉不完的。

我再舉兩個有趣的例子：

凡是足形常作足，變作足，這是象足形的，所以從足和從足是通用的。凡是人形常作人或人，象他站在地上，所以人和壬，大和壬通用，人（而）和壬也通用。

例如：

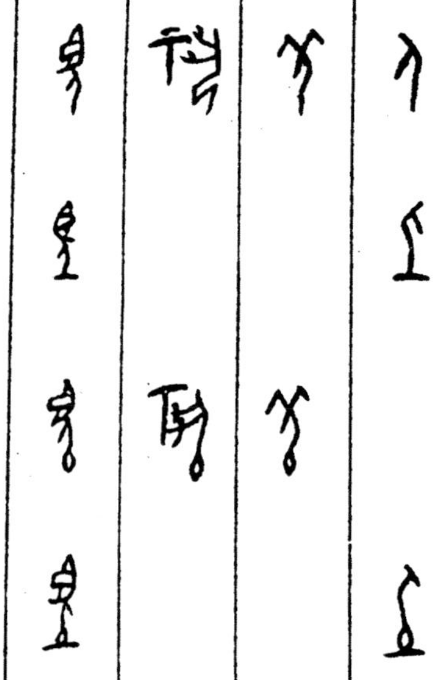

下二字並「壬」字，由壬變壬。皆說文所釋並誤。

由此亦可知「羌」為人形。

「視」字。

「𦣠」或作「𦣻」，說文以為「望」的古文，「朢」字從月，從臣，從壬，並誤。「𦣠」本「見」的孳乳字，「朢」當從「月」從「𦣠」，「朢」字例今畧。

此見後編下、七、十三，舊不識，今按當是「𦔻」字。即「聽」字。

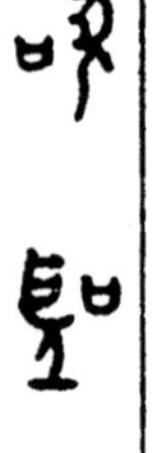

聖

此第一字見龜甲獸骨文字二、二五、一四，舊不識，今按乃「𦔻」字，即「聖」字。說文以為從耳呈聲，誤。當從「口」「𦔻」。

「祝」字見前編二、三二、三，又五，舊不識，今按當即「程」字。

說文以「呈」從壬聲，誤。之為，猶人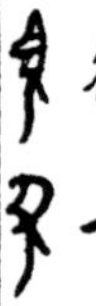之為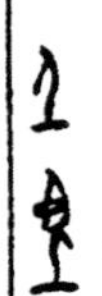。

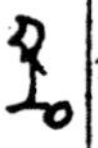

卜辭「㚘」字舊不識，今按即「竝」字。

卜辭「㚘」字極多，舊不識，今按即「𡘺」字，「𡘺」字說文缺，三體石經以為「虞」字古文。

象艸形的字，有時也可用這個例子，像：屮即止，後變為㞢。

屮即止。後變為㞢。

凡人形可加足形而作夂，所以從人和從夂通用。後來夂變㐅，所以說文把許多人形的字，截歸㐅部，這是錯誤的。例如：

人 夂 分別說下是"企"字，在偏旁裡通用，例如𡕒作𡕒。

𡕒 夔 夔即夔字。

致 𢓡 致即𢓡字，說文誤為到，從刀，又別出致字從夂。

允 夋 允即夋字，故畯字金文作畯。玁狁之狁，金文作夋，夋即夋譌。

頁 夏 頁即夏字，金文頊字作頊可證。秦公𣪘，夏字作夏，小篆作夏，蓋從日從夏。

小篆,憂字作𢝊,當為從心從夏,舊說並誤。

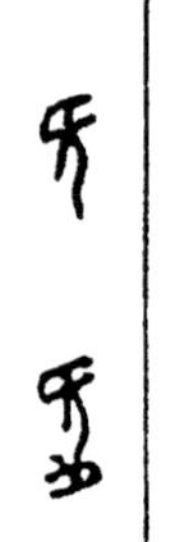

旡即𡕒字。小篆愛字作𢛴,當從心從𡕒,舊說誤。說文:旡,飲食气逆不得息,詩桑柔:如彼遡風,亦孔之僾,旡僾義相近。

夂即𡕒字。說文:𡕒,行𡕒𡕒也,從夊,闕。栝金文爵形字作䀠,𣅀字作龜,上ㄅ形,說文並愛作尸,則尸即𡕒字無疑。篇𡕒同夋,𡕒似即下𡕒字。

丮即𡕒字。金文執、𩰊、𡕒、䂻、𠭁等字,並或從𡕒可證。𡕒或誤作𡕒。又或作𡕒,似即上說文𡕒所從出。

畟即畟字,說文稷或作䅏可證。說文歧䎘畟為二,釋畟為從田人夊,並誤。

兇即夒字。

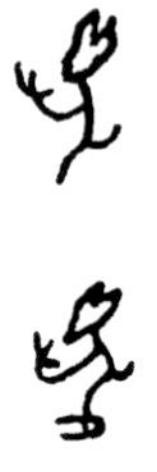

𡖉慨即𢡱字。

□ 夓字當可通作□。

□ □ □即夓字。

夌 □ 夋即夋字。夌由文𡕥亂，和卩形不同，但也是象人形的字，和大或作□同。說文以為從夂從夫誤。

可見凡人形下的足形是不得分裂的。說文夋字，疑也是人形，但有譌誤。

(三)凡義相近的字，在偏旁裏可以通轉，像巾和衣通，所以常、帬、幝、帙等字，可以作裳、裙、褌、袟；土和𨸏通，所以坨、垔、𡊨、壇，可以作陀、陻、障、隮。隮字見徐楙鈕。

(卯)字形的混殽和錯誤

因為文字趨于簡單，簡單的形體有限，所以常有殽混。而文字的演變，又常會造成錯誤。有些殽混是由錯誤而來的，而殽混的結果，也會變為錯誤，這兩者很難分別。

古文字裡的錯誤，前人很少注意到，羅振玉在同毁跋裡說：

金文中別字極多，與後世碑版同，不可盡據為典要。即以此器言之，對字作[illegible]，譌別已甚。又王子申盞之盂字作[illegible]，口叔買毁毁字作[illegible]，且字作[illegible]，費字作菓，量侯毁之毁作[illegible]，寶作[illegible]，無

異毁之天作夭,内白多父毁之父作屮,往往隨意變化增省。類此甚多,亦研究古文所宜知也。集古遺文六卷八葉

這個問題的提出,是很有價值的。不過羅氏研究文字的方法本不精密,所以他所提出的幾個字,有些是不能算做鑑別的例的,例如寶字增⿰火七,和福字作富一樣,這種加繁的形聲字,是極普通的。又如對字的作𢦏,正可以證明從辛和從丵的字是可以通用的,因為本都由口形變來。所以𢒼字可以寫做⿰萛月字,今鳳寓或寓字可以寫做寓,見曾大宰遽父毁等,金文編把寓字釋為僕,甚誤。這一類決不能

認為譌別。

因為羅氏沒有詳細考證每字的歷史，所以他的結論是：「隨意變化增省，而隨意分析偏旁的方法，」這是他在文字學上失敗的最大原因。照我們看來，文字的型式，雖是流動，但不是「隨意」兩字所能包括，只要精細地研究，每個字的變化增省，都有歷史的範圍裏，總可以找出牠的原由，即使是錯誤，也一定是有原由的。

文字的淆混和錯誤，是一部分文字在演變過程裏的或然的結果，在文字的本身上，本只有演變只有我們去認識，解釋，或應用牠的時候，才覺得混殽和錯誤，而這混殽，錯誤的由來，仍逃不出演變和通轉的規律。

因為古文字多混殽，所以有些文字常被誤解，有些是後來人不敢認識的。或者是誤認。例如：𠙵凵是容易殽亂的，𠙵象人口，問，启，名，鳴，等字所從都是。凵是象凵盧，在古文字多作𠙵，和人口無別，曶，魯，古，喜，合，等字所從都是。說文把古，喜，合，當做從人口的口，曶字變做曶，所從曰字，也從口，魯字變做魯，從白，都錯了。凡從曰從甘的字，大都從凵盧形的口變來，說文從人口誤。

大字往往和亣字混殽，所以奚字會誤成奚，昊字會誤成昃。入字往往和入刀字混殽，所以侄字會誤成到，賓字會誤成賓，釁字會誤成釁。卜辭宀字，前人不識，羅釋濼誤。由此例推，當是說文貧字是重文的穷字。

古文字裡的山字作山，或作山，火字作火，本已相近，山字後變做山，火字後變做山和山，愈易殽亂。所以光字本作𡵨，或體作𡵨，從丘，可證，集古遺文所錄觀界氏甗器甚多，甗字或從𡵨，或從𡵨，或從𡵨。卜辭習見𡵨字，或作𡵨，舊不識，由此知亦光字。卻變成從火的光，而羔字本作𡵨，象炮羊火上，變成𡵨形，就誤為𡵨岳字了。卜辭裡所祀的羔，即後世的岳。

卜辭裡的「足」字和「正」字同作㞢，所以昔人不知有足字，近時郭沫若才區別了出來。因字本象簟形，變做了因，（毛公鼎弼字作弼，者沔鐘作弼，可證。）和因字作因相亂，我們由此可知詩小戎「文茵暢轂」的「茵」字，其實當作「茵」字，當於說文的「茵」字，（㐁即西字，釋席字誤。）羅後來誤西為因，就讀為因聲，添出了「車重席也」的「茵」字了。

文字的錯誤，有些只是字形的一部分，有些是整個文字傳譌了。前者例如：從㞢的字易誤為出，（彔字亦或誤𡕥。）從手形的字易誤為止，（例如：𡕥、夒等字。）從𠂇的字易誤作中，（凡𡟰、𡜏等字，均由又誤。）從貝的字和從鼎的字容易互誤，從大的字和從人的字，容易互誤，例如[illegible]變為[illegible]，[illegible]變為[illegible]，夻、盇變為夻、盇，[illegible]變為[illegible]之類。雖多淆亂，還可找到同例。後者往往是特殊的例子，例如[illegible](俎)的譌做[illegible](宜)，[illegible](賓)的譌做[illegible](賓)，其實也不很多。

混殽和錯誤是例外的，但我們不能因例外而忽置，不然，在研究的進行裡將時時會感到窒礙的。

(辰)文字的改革和淘汰

文字最先是描寫自然的圖畫，進一步要寫出人類意識裡的東西，就起了一種改革了，大字不代表人形而另外代表一個頂上的意義，這就不是簡舉的圖畫了。人形作□變成兀字，即兀字作□變成允字，由□作□變□。□字變成□兒字，由□變□，又變□。作□變成□欠字，又或變成□見字，由□變□，又變□為□。又變作□字變成□頁字，由□變□，又變□。這些字大家公認了，通行了，本來由人首變來的意義，漸有忘却了，後來的人們以為□或□字的上面是象口形，□字是象目形，於是又造出□□□和□□□等字來了。

繼特徵的描寫而起的改革，是圖形的簡化和聲化，结果有形聲字的産生，而難寫難識的字，很多滅亡。

商周之際，形聲字已極發達，卜辭和金文所見，只有一部分，其全部的數目，決不比後世所存的形聲字少。像從王的專字，玟，珷，𤫊等，用途本不很廣泛，像鎜，䰙，𩰫，鐊，𣄃等字，偏旁日趨重複，都可以看見那時人過於利用這種新方法了。史籀篇是這一個風氣下較遲的作品，太史籀這个人，王靜安以為烏有，但十五篇，向歆時尚全，似不應誤舉篇名做人名。按漢書人表四等內有史留，次豫讓上，或就是作此篇的史籀。所以「籀文」好重疊。

另外一方面，文字漸漸趨向到整齊和簡省。形聲文字的型式，是容易整齊的，形聲前的文字，除了簡化和聲化外，又創出一種方法，就是「反文」，春秋傳說：

「反正為乏」，其實正字本作𣥂，或作𣥂，原象兩足征行方邑的意義，省做一足，作𣥂作𣥂是不拘的，變成了正，和𤴔也應一樣，何以𤴔又是「乏」字呢？我以為「乏」字本不這樣寫，凡是這一類，全是經過改革的。卜辭習見𡴀字，（鐵雲藏龜六十、一，前編五、五、七，戩壽堂殷虛文字四五、八等。）或作𡴀（前編五、四六、四。）前人不識，我以為從止從中，中即毌字，象盾形，而「乏」字本義是「持獲者所蔽」的革盾，（見儀禮和周官）可見𡴀就是「乏」，「正」字作𣥂，「乏」字作𡴀，形體相近，後人就改做「反正為乏」了。反人為匕，反矢為夭之類，都是一個情形。（匕本作𠤎，和𠤎（匕）不同。夭本作夭，和夭（夭）不同。）這一類的改革，雖脫胎於反左卜為苷，乂反止為屮，在古文字裡只有左右確是有別，因為人的左右手是有別的。但也只是分象兩手，並不是反左為右，而且只限於單字，在偏旁裡，ナ又還是通用。可是把好些古字的獨立型式給毀壞了。

春秋以後，是文字的大混亂時期，各國文字，都自成風氣，就在一國裡面，有時極意摹古，像楚王酓肯（志）鼎的「獲」字還作「隻」。有時卻簡俗譌別，至不可識。說文裡，三體石經裡，所錄的孔壁古文，就是這個時期裡，齊、魯間的一種文字。

秦併天下，統一文字，因而制定了小篆，小篆是根據秦地較近古的文字，參酌損益而成的。我們只看。十字的變為巾，十字的變為七，以免和十 十字相混。"早"字和"戎"字，又因是和十形相近而改為卑，卓，戟，這都是錯誤的。早字本當作♀，和旦相近。由♀變早。戎字最初作𢦏，（見㦰甲爵，舊不識）變為戎，（見盂鼎）象戈楯形。更變作戎，或變作戎。就可以知道這是經過學者們有意的改革的。

這是一个很大的改革，因為由此以後，只有小篆流行，而以前的古文字大部分被淘汰了。小篆雖有整齊同一的功，但因改革而起的錯誤，是不可枚舉的。

有些文字，從一字誤分為兩例，如：了字既變早，氏又變為𠂆；久。按「久」即「氏」字，說文解誤。𡇱字既變組，又變為𡇱；宜𢍰字既變𣪊，彝。又變為彖，彖。按卜辭𢍰或作𢍰，金文繇彝作𢍰，舊釋豕非是。又井侯彝不敢𢍰，舊釋為豕，亦誤。𢍰或作𢍰，彖字當由此而誤，彖豕聲相近，當讀作豕。㒸字既變𦗻，又變為𡭴，之類。但有些文字，像𦢊，𦡞，𦘔，䌷之類，因而湮沒的，也就不在少數了。

（巳）每個文字的歷史的系列

考證文字的歷史，除一般的規律外，還應注意每個文字的歷史，詳考其發生和演變。這種工作，有時雖因材料不夠而感到困難，例如「斤」字的作𠂇，這字的原始形，大概當作𠃌。怎麼會變成斤，是很難推想的，但假如能每字[illegible]找出較詳細的歷史，則真確的認識，將會增加可信的程度，而虛誣的論斷，也無由隱匿。

以前的學者，不注意這方面，所以有些字認的雖然不錯，却無由證明。例如：休彝的⿰亞欠字，金文編釋做「懿」，郭沫若因之釋匡卣的「⿰亞欠王」為「懿王」，這在「生稱王號」裡，誠然是很重要的一條，但「⿰亞欠」字與「懿」字形相去太遠，即使「⿰亞欠王」「⿰亞欠母」，（此見攸鼎。）休懿「⿰亞欠龏孟姬」，休「⿰亞欠德」嫨潘中彝。都讀得通，還不能叫人無疑。我本人就曾懷疑過。學者間至今懷疑的人很多。

我們知道⿰亞欠或⿰亞欠，一定是從「心」，身從⿰亞欠的。⿰亞欠字右旁從「欠」是無疑的。或作[illegible]，即欠之誤，一證。欠或作[illegible]，毛公[illegible]鼎[illegible]字作[illegible]，二證。

左旁所從的亞[亞欠]，是什麽字呢？

内太子白壺的壺字，蓋作[illegible]，器作亞，見《武英殿圖錄》一〇三葉。

可知亞就是「壺」字，但我們還要追問壺字會什麽可作亞形呢？且看下表：

我在這裡雖只舉「壺」字歷史裡的一部分，但已很夠說明壺何以會變成亞或亞了。

那末，[亞欠]應釋做「[壺欠]」，[亞欠]應釋做「懿」，再看下邊這个表：

壺—⿰壺欠—懿　金文

壹—⿰壹欠—懿　小篆

就可知道⿰亞頁確即懿字，說文：「懿从壹恣省聲。」漢隸多作懿，或變作懿。按從欠從次通。⿰亞頁當為「⿰壹欠」字，朱駿聲「懿」注引或說云：此字從心⿰壹欠聲，甚是。最後的問題，只是從壺的字到小篆裡為什麼變成「從壺吉聲」的壹字，一个音韻上的問題。說文：「壺昆吾圜器也」，昆吾當是壺的別名，那末壺的上古音，當讀為「昆吾」的合音。後来，壺字既改讀今音，古音別有流傳，就增「吉聲」為「壹」。

這種真確的事實，系列出来可以增加讀者的信仰。但如其是以意為之，系列出来後，更容易看出錯誤。例如：

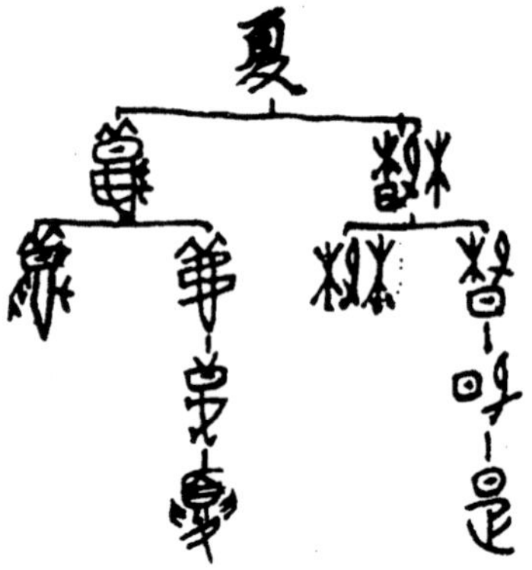

這張表裡𦣞怎麼會變臯，𠯑怎麼會變𣥠，我們是沒有法子懂得的，只感覺到奇誕有趣而已。

列出一張表來，在近來似乎是很時髦，但可惜在列表以前，對文字的歷史還沒有研究，以致白蹧蹋了列表的時間，連帶躭誤了讀者的工夫。許多學者都會用『我以為』三個字，一切都可以自我去創造，不管聲音訓詁，不管歷史演變，於是可以說[古文]（貞）字是從龜版兆裂形變來，可以造出[古文]兩字而列成一張大表，這種勇氣是值得佩服的。

我們是沒有這種勇氣的，先假定好幾種演變，來列上一張表，是不敢嘗試的。所以，一定得分析偏旁，考證歷史，到最後才做（這）一個總結賬，只要憑着各本底賬，弄出一紙清單，就完事了。

譬如說虞姬是虞舜的後裔。

庚　字義的解釋

字義的解釋，可分三部：(一)本義，凡文字都有本義，就是最初寫這个字時候所表示的意義，這是屬於文字學的。(二)語義，因為文字是傳達語言的工具，沒有適當的文字形式可以代表語言的時候，就祇取字音來代表，這種意義和形式無關，是屬於語言音韻學的。(三)詞義，因語言的進化和文學的興起，在意義相同的文字裏，發生出許多區別，這是屬於文法和修辭學的。

在這書裏所要講到的，只是屬於文字學的本義。

也許有人要指摘「本義」這一說，因為實質上還是代表語言。但請不要忘却文字是從繪畫出來的。用聲音來傳達到聽官，用摹寫形態來呈露到視官，這本是兩件事情，後來雖合併為一，但一部分字義的決定，還是由於字形。同是沆音，𦍌義是羊頭，昜義是陽[日]光，昜洋是水中有羊，陽是山之陽，要是不顧字形，意義是不能確知的。

研究文字的本義，大抵可分兩種，(一)，象形和象意文字，應追溯這字所象的物事。(二)形聲文字，應由所從的形，斷定義的一部分。例如從水形，必有水的意義。

自周以後，文字學家都奔追求文字的本義。這裡可分兩個時期，第一時期是根據春秋至秦的文字的一部分，用六書說來解釋的，第二時期是古文字研究發展以後的，從鐘鼎文字推到甲骨文字，但依然在六書說的範圍。我們現在要用新文字學的理論來解釋，則將是別一時期的起始。

六書說的短處，象形，指事，會意，指事，形聲，往往是分析不清的。我們的新條例，是：(一)，文字只有形符，意符和聲（語）符，即象形，象意，形聲。象語雖也是意符，象聲雖也是聲符，但本無其字。(二)象形只象實物的形，除形以外，表示別的意義，便非象形字。(三)象意文字畫出一切事物的動態或靜態，凡象意字都像一幅簡單的畫，見畫可知其意，所以圖形儘可省畧，例如名字像月下有人說話。意義不可曲折，例如"止戈為武"，止解作停止，"人言為信"，言解作說話，但止在圖形裡只是解脚形，要先借做停止的意義，就變成精謎了。言字從口䇂，辛本不當言語講。凡違反這例的，便非象意字。武字是被誤解的象意字，信字應是從人言聲的形聲字。又按六書說出來後所新造的會意字，不在此例。(四)凡象意字的變為形聲字，是聲化形聲字。(五)凡兩個以上的偏旁組合起來，中有一個標音的，是形聲字。

根據這些個條例，我們的解釋文字，比往時容易的多了，因為除了象實物的象形字，和注音的形聲字以外，盡是象意字，範圍既定，解釋就不難了。

但是還有許多困難的地方。許多圖形文字，因簡化或錯誤，以致解釋困難，是其一。許多文字的本義，久已湮晦，只有引申段借的意義，還能知道，此其二。有許多文字，已久廢佚，此其三。

所以，關於字義的解釋，需要做許多考證，這種考證的方法，應注意三方面。(一)字形的方面，應找出最古的型式，其演變或錯誤為今形，應有詳細而可信的理由。(二)字音的方面，應有證據，或本字雖失本義，但尚保存在諧聲字裡，或本字被假借為別義，而本義却又段借聲近的別字。(三)字義的歷史，雖則一般不以為本義，但還保存着這種解釋，也可以做一種證据。

能夠三方面完全有證据，那是最好的了，例如：甲字作十象甲坼形，（十、十、十，義均相近。乇草葉也，和坼聲相近。）大象人形而特指其顛。（說文：天顛也。）

本義雖已湮晦但在形和聲方面有確切的證據，這種考證也是可信的。例如：萬字是蠆（即蠆形），辰字是蜃形，（此郭沫若說，按辰本當作象手持石斧形，變作[illegible][illegible][illegible][illegible]等形。）我們在孳乳字裡還可以找出本義。又如（變為中，為申，又為毋。）

字是干形，此郭沫若說。按干毋非一字，後世借干為毋，郭氏謂干即毋形非也。干自作丫，與單同源。毋亦作串，於六國時文字中的偏旁則作形聲並相近，後遂以干為毋。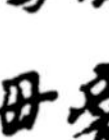㐭字是篆形，因羅氏釋席誤。廣雅「㐭，席也」，本義尚存。說文「㐭」讀若三年導服之導，「導」即禫字，則㐭當讀如簟。大概㐭義漸晦，就別造從竹覃聲的簟字了。我們在別的段借字或後起字裡還可以找到本義。

因為字的本義是由字形來的，所以辨析字形，最要精細。在字形的所象，沒有十分把握，就要推其「夙讀」，這是太危險了。除了字形所象，還要廣徵文字的歷史，在字的音義上要能獲到相當的證據。這是解釋文字的必要的條件。

許多學者的膽是大的，心卻未免太粗。要把丱字講做雙刀形，就說「卯」的原始象形本作兆，但這形卻是臆造的，說文所引六國古文也只作非。按卯古讀若劉，柳、留等字，疑丱丱本一字，丱即象卯形。凡中空者得加點，例見前。卯劉聲相近。把丼字釋做「死」，就說人在棺槨之中，其實井字不會有棺槨意義的。按丼字郭沫若釋囚亦非。當為丼，即刑字。古人字每誤為刀，前已詳舉其例。丼象人在陷阱中，誤為刑，乃增人為侀，猶侄誤為到，乃增人為倒，例同。因為兇字倒寫作𦥑，見後編卷下一、五。凡五見，一作。筆誤作冎，見龜甲獸骨文字一、十五、六，中直筆誤長。把兇字釋為䏊侯的形狀。其實兇確象小兒，初民繪畫粗劣，故不具身手，但見首足。我們可以看出，(一)杜撰古文，(二)不顧偏旁，(三)附會誤體，這些疵病，都是研究字形未精密的緣故，也是忽畧了形音義三方面歷史價值的緣故。

辛　字音的探索

研究古文字的讀音，是極難的事情。凡是象形或象意字，在未確實認識以前，加上一个讀音，是很危險的。形聲字的聲母即使辨明了，但古代讀法，是否和後世相同，也還是疑問。

但是，讀音還是不能不注意的。我們第一得找出古音的歷史證據，例如：酉讀若導，㲋讀若薄。其次得確定形聲字非形聲字的界限，和形聲字裡的聲母，例如：古舊以為從十口，實是從凵 ∪ 母聲，龍舊以為童省聲，實象蜥蜴類戴角的形狀，這是得區別的。又如信字，得讀為從人言聲，猜、闇同。不當讀為從言人聲，這類也得辨明。

由文字的叚借，可以推見古音，例如：卜辭霾字作霾，從雨[illegible]聲，[illegible]即貍的本字，貍就是貓，可見豸音當和埋或貓相近。𠬶字作帚，⿰女𠬶字作婦，可見帚作𠬶音，帚假為婦，可見婦本讀帚音，那末，帚、𠬶、婦等字，古音相近。這問題我和羅莘田、魏建功二氏討論過，在音韻學上是講得通的。從形聲文字裡𠬶聲特別發展一點看來，似帚字古本讀若𠬶。

五　研究古文字的戒律

一个人做學問，總要能有所不為，才能有所為，前面幾章裡我提出了許多當為的事情，在這章裡所要講的，是不當為的事情。

古文字在目前，是一般人所急於想懂得的，但過去的研究成績，不能饜一般人的欲望，所以現在研究古文字的人特别的多。不過除了守師承，宗舊說的學者外，都是片段的研究，没有用整部古文字做對象的。

在學者們片段的研究中，固然有許多精確的

發見，但最大的弊病，是沒有一定的理論和方法，因之也沒有是非的標準。在同一的題目上，各自做了說，各人都以為自己是對的，在局外的人，當然辨不清誰是對的。這種現象所引起學術上的損失是很大的。第一，許多別的學術，像古史學，古社會學等的研究者，處處和古文字有關，因此就不能進步。第二，許多學者的自尊心加强，只要自己說的話，總是對的，不願接受批評和忠告，因之，阻礙其個人學業的進步。第三，猜謎式的風氣既盛，有些人對於這種研究就灰心起來，以為是沒有出路的，有些人借此幌子，以賣狗肉"，因之，弄成極大的混亂，初學者無路可從，而阻礙這種研究的進步。

著者想在這種現象裡，闢一條出路，所以替研究古文字的人，設了下面的六條戒律：

（一）戒硬充内行　凡學有專門。有一等人專喜頑票式的来幹一下，學不到三兩个月，就自謂全知全能，便可著書立說。又有一等人，自己喜歡涉獵，一無專長，但最不佩服專家，常想用十天半月東翻西檢的工夫做一兩篇論文来壓倒一切的專家。這種做學問，決不會有所成就。

（二）戒廢棄根本　在前面我已經講過研究古文字必須有種種基礎知識，並且還要不斷地研究，尤其要緊的是文字學和古器物銘學。有些人除了認識若干文字，記誦一些前人的陳說外，便束書不觀，這是不會有進步的。

（三）戒任意猜測　有些人沒有認清文字的筆畫，有些人沒有根據精確的材料，有些人不講求方法，有些人不顧歷史，他們先有了主觀的見解，隨便找些材料來附會，這種研究一定要失敗的。

（四）戒苟且浮躁　有些人拿住問題，就要明白，因為不能完全明白，就不惜穿鑿附會。因為穿鑿得似乎可通，就自覺新奇可喜。因新奇可喜，就照樣去解決別的問題。久而久之，就構成一个系統。外面望去，雖似七寶樓臺，實在却是空中樓閣。最初，有些假設，連自己也不敢相信，後来成了系统，就居之不疑。這種研究是愈學愈糊塗。

（五）戒偏守固執　有些人從一個問題的討論，牽涉到別的問題，因而發生些見解，這種見解本不一定可靠，但他們却守住了不再容納別說。有些人死守住前人成說，有些迴護自己舊説的短處。這種成見，可以阻止學問的進步。

（六）戒駁雜糾纏　有些人用一種方法，不能澈底，有時精密，有時疏闊，這是駁雜。有些人缺乏系統知識，常覺無處入手，研究一個問題時，常兼采各種說法，連自己也沒明瞭，這是糾纏。這種雖是較小的毛病，也應該力求擺脫。

凡研究一種學問，第一要有誠意。我想真要研究古文字學的人，一定會接收這種戒律的。

六　應用古文字學

甲　古文字的分類（自然分類法）和古文字字彙的編輯

古文字的分類，向来没有精密的方法，除了用義或音類次之外，只有說文的分部和鄭樵所創的分六書。

宋以後，鐘鼎文字的分類，完全是用韻的，到清莊述祖才想自創系統，但還和說文相近。嚴可均，吳大澂，完全根據說文分類，以後的古文字字彙没有不襲用這種方法，除了林義光的文源，是例外的。

因為六書說本身的不精密，所以用六書分類，是比較困難，且不方便。依照說文分類，則有一定的次序，只要照樣葫蘆，所以一般人都喜歡用牠，也可說，除此之外，別無辦法。

但是嚴密地說來，說文分類法的本身，很多可議。既想把部首當做「文」，原始的文，卻又在屮部底下有艸部，茻部，而且還有了蓐部。屮字象形，是初文，艸和茻，和芔字有什麼不同，把芔字附在艸部，而艸和茻獨立為部首，又把明明是形聲字的蓐也昇做部首，可見是只要擁有所從的徒衆，就不管是否初文，同可做部首了。而且大字人字，都可以分做二部，有許多部首根本是不必要的。還有毒部裏的象意字和形聲字都雜在一起。還有許多古書裏的叚借字，附在別部裡作為或體。還有些文字的隸部不當，例如盩字應入皿部，因沒有教字，就誤入幸部。

所以用說文來排比古文字，是狠不妥當的。尤其是古文字材料日益豐富的現在，許多文字是說文裡所沒有的，字彙家以意編次，有的附在部末，有的列入附錄，同一部首的字，有時分見十幾處，而同部的字，偏旁又多不和部首一致。

這種方法只好叫做排比，講不到分類。由這種排比出來的字彙，既不能看出文字的發生和演變，又不能籍以作同類文字的比較研究，在最低限度內，也不能予一般人以檢查的便利。許多字彙附有檢字，但這種檢字是爲釋文做的，不是爲古文字做的。在檢字裏有苣字，事實上則是㠯字，檢字裏有敀字，事實上則是芈字，假使要查妣帝二字，檢字裏就沒有了，這種檢字，絲毫沒有用處。所以，這種編法是失敗的。

在九一八慘變那一年的春天，我在瀋陽一家小旅館裏，開始用自然分類法來整理古文字。最先計劃做名始一書來代替說文，第二年秋季後在北京大學（寄處）教鐘鼎文字，才實現這計劃的一部分。後來覺得範圍太大，太複雜，就把殷商，兩周，六國，秦系的文字分開來研究，而把名始擱在將來去做。這兩年來所講的殷虛文字和鐘鼎文字，是根據這个計劃的。

刱立自然分類法的目的，是要把文字內部的歷史用最合理的方法編次出來。因此，我決定完全根據文字的形式來分類，而放棄一切文字學者所用的勉强湊合的舊分類法。

我們的新分類法和文字發生的理論是一貫的。因為文字是由繪画來的，較古的象形和象意文字都是圖形，而最早的繪畫，只象實物的形，所以用象形做部首，由象形字分化出來的單體象意字都隸屬在『部』裡，例如：

人部

允字由　變來

兀字由　變來

欠字由　變來

卩

（中段節去）

由原始象形字或單體象意字所分化出來的合（複）體象意字，則隸屬於『科』，例如：

人科

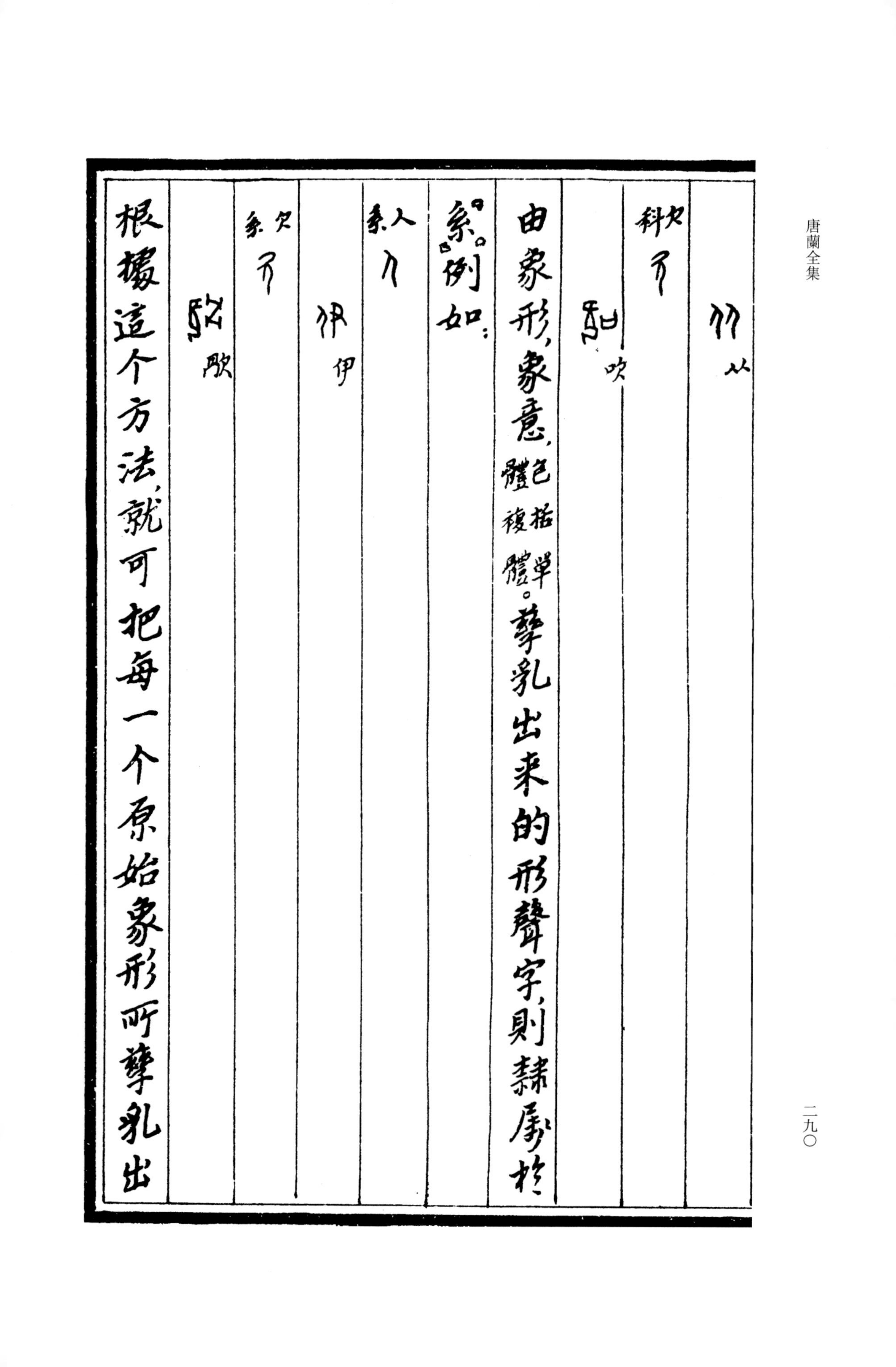

从

欠科　吹

由象形、象意（包括單體複體）孳乳出来的形聲字，則隸屬於

系。例如：

人系　伊

欠系　[illegible]

根據這个方法，就可把每一个原始象形所孳乳出

来的文字,都組成一个系統。

部和部間的繫連,我廢棄了許叔重的據形系連法,而分象形字為三類,第一是屬於人形或人身的部分,第二是屬於自然界的,第三,是屬於人類意識,或由此產生的工具和文化。用這三大類来統屬一切象形文字,同時也就統屬了一切文字。

但是古代文字的發生,不是整齊畫一的,有些單體象意字,事實上和象形字一樣,例如[illegible]字的作大,(此和[illegible]或作[illegible]同。)[illegible],[illegible],[illegible],[illegible]等形,每字都更分化出好些單體象意,因此,我添出一个「支部」的名稱来。(如:大支部,女支部等。有些複體象意字，分化出来，還是複體象意例如𦥑字，本屬𦥑科，而又有從𦥑的[illegible]字，就只好添出一个𦥑支科来。而形聲文字裡，像：齒從止聲，而從齒的字很多，就可以列為齒支系。

上述的分類法，用圖示如下：

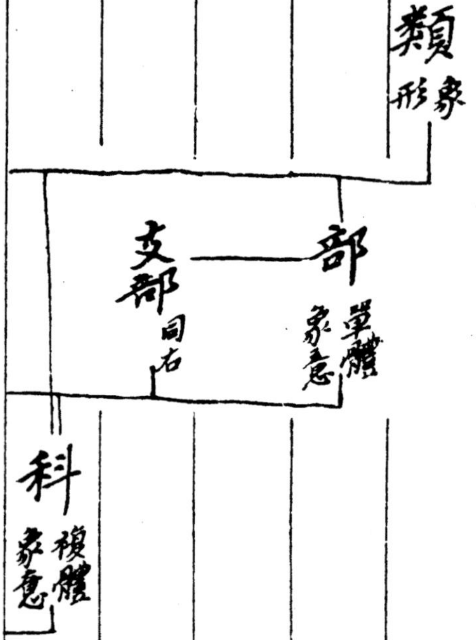

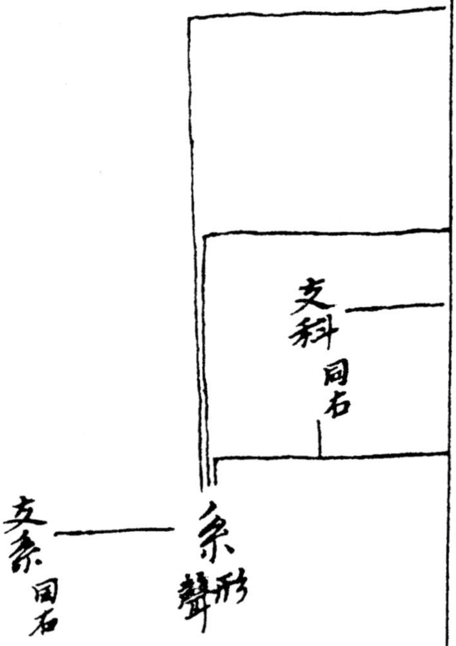

這是合理的分類法，我們由此可以看出文字的孳乳和演變的情形，可以取同類的文字比較，可以推出文字的涵義。雖然要擬立一個新的系統，將遇見許多困難。例如：象形字的確定，巛字，我先以為象形字。後來才定為象意字，當隸于巛部。巛水形，與乚異。巛物質，與火意同，乚地理，與山意同。象意和形聲

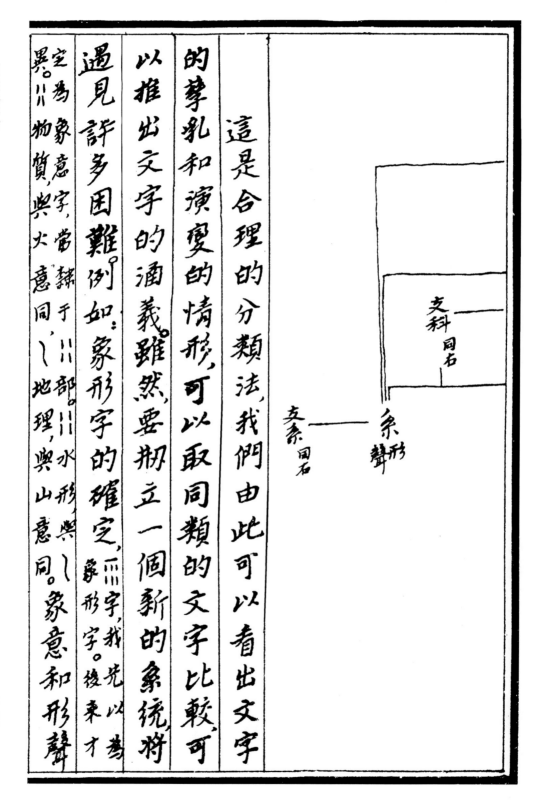

的區別，形聲字裡聲母的找出，以及部，科，系裡面列字的次序，在實用時，新問題會絡繹以來，不雖過都是枝節的問題，也得要用心去解決的。

編輯古文字字彙的合理的方法，當然只有自然分類法了。不過，應用這種方法，不是短期內所能成功的，在暫采別的方法時，至低限度得具備下列四個條件：

(一)得用古文字偏旁做索引，且必每一偏旁俱作索引。如傳字當分隸亻 屮 叀 寸四部。

(二)得每字詳載出處。

（三）每字下所輯重文，當依歷史排列。

（四）每字所出的銘文，當附注。

至於合乎理想的字彙，要遵守這些規律，是毫無問題的。

乙 研究古文字和創造新文字

有些學者瞧不起古代的東西，以為把塚中枯骨翻出來整理是無用的，但單就文字學一端，我們就可以證明這種觀念的錯誤。

文字是一個民族裡的文化裡最重要的工具，文字的難易，和文化的退化或進步有密切的關係。我國現行的文字，字形太繁而難認，形聲字雖有聲母，但多變化，同一聲母的字讀法不同，難於記憶；這種困難，會使識字的人減少而文化降落，所以有識的人士，都在想法改革漢字。

改革漢字運動，有兩種，一種是簡字，一種是拼音文字。前者雖也極盛一時，但原有的簡字不多，不足供改革的需要，而且毫無規律，有時比原字還難記，不注讀音，還是難認，所以一般人都以為不是徹底辦法。後者雖現在難於實現，或竟永遠不能實現，而一般人卻都認為合理的改革。

我由文字學的立足點說，是不贊成把漢字改成拼音的，因為注音文字的優點，遠勝於拼音。

（一）注音文字，〔國音字母，〕字音單簡易記，國音常用字彙所收几千字左右，只有二百六十五個音單位。每一音單位，有聲調的不同。假如改為拼音文字，勢必字不同音，以英語來說，近出韋氏字典有十二萬字，雖有些同音，但音單位的多，〔不便記憶，〕是毫無疑問的。即以〔與漢字相近的〕桑戴克氏所選常用一萬字而論，除了從小時所習熟的言語外，要從書本上一一記憶，也是很困難的。

（二）注音文字，因有形符，規定意義，便於瞭了解〔與記憶〕，尤其是專門名〔或術語〕辭，可以不費力的解釋。例如：銅，鋅，一望而知是一種金屬。（應讀同或平）但拼音文字，没有這種優點，在没認識Copper和Zinc之前，只覺得是一堆記號而已。

（三）根据上一個理由，注音文字，便於研究科學。假定由聲調的變化，把二百六十五個音單位，變成一千幾百個音母，同時再規定五百个形母（互相配合），至少可以造出五十萬個字來，這是儘夠用做新名詞了。真要不夠的話，還可以兩字或三字四字組合成複合字，就可無窮。但我們除音單位外，只要認識五百個最簡單的形母，這是不很難的事，所以科學知識易於普及。拼音文字防字音的漏同，往往須把科學名辭造成冗長而難於記憶的字，有時因實用的不便，又改作減寫或記號，更難記憶。所以一般人看到有關科學的術語，便覺茫然。

（四）以文學的方面說，注音文字因有形符的關係，有字形上的美麗的色，又因每字單音而具聲調的關係，可以做對偶，這種優點是拚音文字所沒有的。

（五）以藝術方面說，注音文字方整劃一，所以書寫的藝術特別發展。這也是拚音文字所不如的。

由上五點看來，注音文字在學術文化上的價值，確在拚音之上。在口語裡同音字多，雖是一種短處，但不是沒有法子補救的。例如一隻雞和一架機器，顯然有別。文化的進步，不在語言的繁複難記，而在所用以記載的文字，簡單而易於理解，注音文字正是適合這種條件的。

我雖不贊成把漢字改成拼音，但同情於漢字的改革。我以為改革漢字，並不是見異思遷，而是求漢字的合理化。

當我們研究畫圖文字史的時候，就可知道古文字是從象形和象意—圖形文字轉變成形聲文字—注音文字，這是漢字的一個大進步。尤其是變為注音而不變為拼（一略上）音，是很有價值的。形聲文字發展後，圖形文字逐漸淘汰，到小篆時代，形聲字和非形聲字的字母，合計不過一千左右。除了非形聲字外，只要讀出聲母就得本字的音。現在的形聲字讀音和聲母不合，這是年代太久，聲音變化必然的現象，不足為形聲字病。

我們既需要改革，使文字合理化，那我們就得研究過去的歷史，保守或擴充其優點，而修正其弱點。由此我發見形聲字，即注音文字裡列有形符，即義符這一點，應該保守或擴充，所以我主張創造一種新形聲文字。

這種新文字的目的，一方面要保持固有文字的優點，一方面要求其更簡易合理而能儘量便利於學術的研究。要使舊有文化不致因改革文字而衰退，而新文化又易於促進。

根據這種目的，我規定創造新形聲字的大綱如下：

（一）凡文字分字母及形聲字。

（二）字母以形母為主，即義母。至多約五百字左右。説文五百四十部首，大半不夠形母的資格，當加考證，選擇歸併。一方則增加新部首。形體方面當力求簡單。或利用古本字，如中可代表電。或利用簡俗體。

（三）形聲字一律改為左形右聲。且只許兩合。

(四)形聲字的聲母，用注音符號標出。此注音符號約有四十個，根據現行注音符號。須被包括在字母內。

(五)凡字的聲調，在聲母四側，注以符號。

(六)凡複合字，例如周易，飛機，中華民國。於最後一字下注以數目字。此法出於六國文字，如以禾=為工師。又遹𣪘穆=王，前人釋穆=王，似亦表示二字為一名而非重文。

(七)凡古書中非形聲字而不適於作字母的字，除改為新形聲字外，加注形母。仍保留其原字於字典中，別為古字，使讀舊版書或翻譯古書為新字時，仍得應用。

（八）凡舊形聲字一律改為新形聲字，其辨[注]音一律用現代標準語，或略加考訂。其他讀音，保存於字典中。

（九）凡舊形聲字的形母不足為字母，因而改從別的字母；和原來是假借字，今另造新~~字~~譯而改從別的字母；在字典中及翻譯古書時仍保存原形。

（十）凡翻譯名詞須用音譯時，宜以原文的每一音節當一單字；其複音節的字，則組為複合字。其國語所無的音素得參取國際音標以補充之。

這個計畫，當然不是頂完備的，還待修正增補。但已經可以看出這"新形聲文字"的特殊優點來了。

第一，這種文字簡單而易學，如下圖所示：圖中聲母方面，姑采現行注音符號。

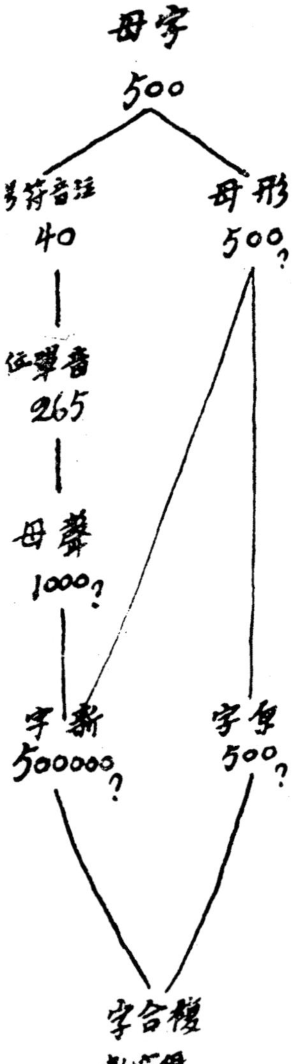

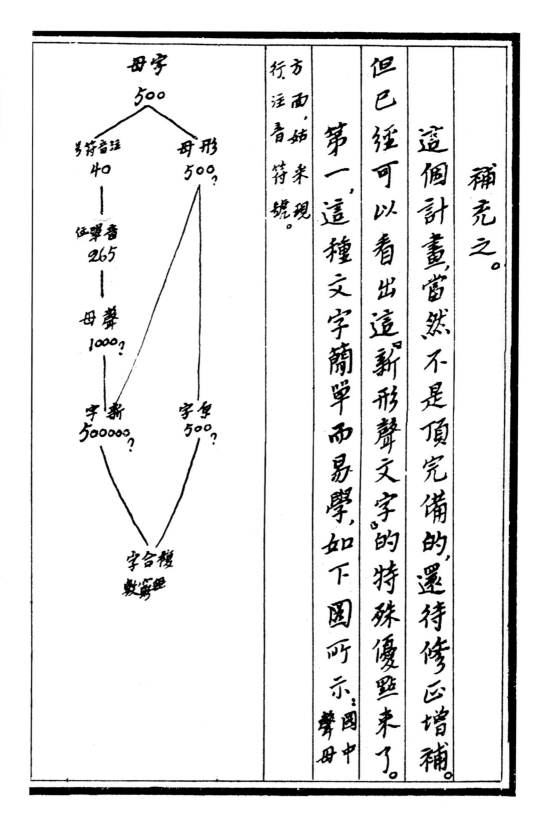

只要學會約五百個的字母，便可統制數十萬新字，既易識音，又可以知道義的大概。先學的人，只學聲母，也可以能看能寫，那就只要學四十个符號和拼音法則。

第二，這種文字是合理的。意符即形母方面可以儘量把重要的科學容納進去，因此，可以減少冗繁雜亂的術語，使科學名詞變為淺顯。

第三，這種文字，對於固有文化，完全保存。

1、把舊形聲字，改成新形聲字，有益而無害。

因形聲字的聲母，本只注音，所以洚鴻洪同有洪水的意義，聲母作夅，鴻或共，是不拘的，那末，改為注音新法，當然無害，只要拼出字音，看見形母，當然可以認識的。

例如：

松柏杞梓寫做

木ㄙㄨㄥ、木ㄅㄞ、木ㄑㄧ、木ㄗ、斷依現行注音符號

只要懂得拼音，決不會感覺不便，尤其是梓字，原來的辛聲，現在已不能做聲母，這樣一改，就便利多了。

2、古文化不致因文字改革而湮滅，因為除了形聲字外，盡力保存古字。

3、文學方面，藝術方面，原來的優點，沒有消滅。

第四，可以儘量吸收別國的文化。

第五，因複合字的規定，可以把字和詞分開。

第六，在印刷方面，每形聲字可分左右兩單體拚合，形聲字連非形聲字，大約不到二千個單體，較舊字的數目為簡。此點似不如拚音文字，但受過訓練的印刷工人，許不覺得很難。

以此故，著者提出這个卅條來。我們研究歷史，不只為滿足好古的私嗜。我們研究古的，要用以建設新的。我們希望能研究出最合理的文字，可用以建設偉大的新文化，因為這是文字學最後的目的。

下編正譌

十八葉上八行「人」字應作□而寫作□，當作「□」人字或寫作□」。

廿八葉下十行「以前是不認的「認」下脫「識」字。

廿九葉上十行「所」字下，應補「破」字一條。三十葉下一行「破」字當移此。

三十葉上二行「當」即新字」下當補「金文亦每以「新」為「新」。

同葉上九行「斳就是析的異文」下當補「卜辭以□為采，又有□字，舊亦不識，葉玉森附會為「冬」字，今謂即「沓」字，均可證。

四十葉上六行 《方瞀益》當作《方脊益》。

四十二葉上二行 「而說文部誤做『遷』了」，「遷」當作「䙴」。

四十八葉下七行 「漸變的文字」當作「以上所舉漸變的文字」。

五十一葉下一行 「三人為㐺」下當補「二女為奻，三女為姦」。

同二行 「按大或大」，或下脫「作」字。

改訂本

附改訂本正訛

目録

古文字學導論

二十五年改訂本

秀水 唐蘭

引言

這部書裏所論述的有三部分。第一，確定古文字學的範圍，並述其歷史。其次，由最近研究古文字的所得，推論文字的發生和演變，糾正舊時文字學上的錯誤，並建立新的理論。最後，更闡明研究古文字的方法和規律。

這種研究，在目前是很重要的，但還沒有人去做過。專門學者往往只守住極狹小的範圍，做些瑣細的工作，而忽略於有系統的研究。坊間雖羅列着許多關於文字學的新著，大半是庸俗愚昧的作品，只以剽竊抄纂為能事。只因學校裏既有這種課程，就胡亂編些教科書來充數。在這種書裏，當然不會有一貫的理論的。自然，有一部分的作品，是較高明的，但也沒有精密正確的理論和方法。

在無論那一個學科裡，這都是必不可缺的。但在中國文字學裡，卻不很被人注意，無怪乎文字學的這樣衰微，——至少對於牠的同懷語言聲韻學而論，是這樣——幾乎不能稱為一種科學了。許多文字學者，給傳統觀念束縛得非常堅固，使他們死守住陳舊的學說而不敢略有逾越。對於新的學說，有的人完全不信；有的人相信其中的一二點，而拿來附會舊說，有的人雖頗相信，但因舊說是有系統的，改動了一部分，就將和另一部分矛盾，而新的系統還沒有建設起來，所以，只在歧路上徬徨。這都是目前文字學衰微的重要原因。

文字學上新舊的分歧，由於古文字的研究的擴大。往時研究古文字的對象，只有說文所載的籀文、六國古文，和秦篆，——因為轉輾傳抄的緣故，還有不少錯誤，現在則有商和西周的文字，其材料較真確可信，而且一部分的材料還比以前豐富。一個無成見的學者，必能毫不猶豫地接受這大批新材料的。

但是，事實上不能如此簡單的。說文裏的材料，雖在東周以後，可是學者間誦習牠已將兩千年了，又在清代儒者過分的尊重牠之後，即使是十分陳舊的偶象，也不容易推翻。而新的部分，像卜辭才發現了三十多年，還不能深印人心。銅器文字雖則從趙宋時已開始研究，但一直到現在，許多學者還不能脫離賞鑒古玩的習氣。他們的方法是神秘的，主觀的，可以任意推想而不需要客觀的標準。這種方法，又應用到卜辭和其他文字的研究。這種研究的成績，其不能取舊說而代之，是當然的。

文字學者不能利用新材料，而研究古文字的人，不注意文字學，這是文字學的致命傷。文字學的發展，本在聲韻學之前，現在卻落後了。這復興的責任，是我們所應肩負的。

這一部書，是懷着這個企望的。雖然不見得就能建立起古文字學的基礎，但只要能引起學者間的興趣，去共同研究，這礎石是不難奠定的。

上编

一　古文字和近代文字的界限

「古文字」這個名稱，最初見於漢書郊祀志上，——「張敞好古文字」——漢代通常的稱謂是「古文」。漢人所謂古文有兩種，說文序說：「古文，孔子壁中書也，」是竹簡上的古文，張敞因考尸臣鼎而說：「臣愚不足以迹古文，」許慎說：「郡國往往於山川得鼎彝，其銘即前代之古文，」是銅器款識裏的古文。

漢時實際常用的文字是隸書和艸書，小篆在那時已是古文字了。漢書藝文志說：「倉頡多古字，俗師失其讀，」倉頡篇的原本，正是用小篆寫成的。但漢時卻把篆書和古文分開，王莽時的六書裏就是這樣。許慎說：「宣王太史籀著大篆十五篇，與古文或異，」又說：「今敘篆文，合以古籀，」可見篆籀不是古文。因為經師們把壁中古文經，推尊太甚，以為只此是倉頡以來的古文，所以把古文兩字弄得太窄隘了。

其實孔氏古文，只是六國時文字的一種。七十子後學寫經的時候，並不如許慎所說，孔子書六經，左邱明述春秋傳，皆以古文。而只用當時流行的文字。這種文字，並不比籀文大篆的時代古遠。

依據我們的看法，不拘是史籀，六國古文，抑或小篆，都是古文字，而小篆是古文字中間最後的一種。在小篆以前的文字，變革雖很多，但在小篆裡，我們還能看到一些象形象意的遺痕，所以不失為同一系統。

秦併天下以後，一方面由學者們省改別的古文字而作小篆，一方面同文字，罷其與秦文不合者，但不久就失敗了。一種新興的文字——隸書，突如地起來替代了小篆的地位，學者們的理想，終於給民間只圖簡便的心理摧破了。隸書本是由戰國時文字演變來的，但在形體方面起了劇烈的變動，大多數的文字，都因破體錯畫而成為一堆記號了。從隸書到今隸，

——即現代通行的正書，變異不多，所以我把隸書以後，劃歸近代文字，而小篆以前都歸入古文字的範圍裡去。有些人以為古文字只是卜辭或銅器文字等地下材料的總名，這是錯誤的。

在古文字裡，還可以分為上古近古兩期，這是以形聲文字的興起來區別的，在後文另有詳細的解釋。

二　古文字的材料

甲　材料的類別

古文字的材料，大致可以分為古書裡的和古器物銘刻裡的兩類。

古書裡的材料有：(一)籀文，或大篆，(二)六國古文，或奇字，(三)小篆，(四)隸古。隸古是用隸書寫出的古文字，不是通行的隸書，所以可視為間接材料之一。

關于古器物銘刻方面，品類異常複雜，如其由器物的本質來說，就有玉，石，匋，甲，骨，金，銀，銅，鐵，竹，木等的區別。但因器物種類的不同，材料發見的多少不一等關係，通常的分類，大概注重於較重要的部分。例如：(一)甲骨，即卜辭，(二)銅器，即金文，——或鐘鼎，(三)陶器，(四)鉩印，(五)貨布(六)石刻。

這種分類，在蒐集材料時較方便，在研究銘辭的時候，也容易有效果，但在另一方面說，卻很有弊病。第一，這種方法是不科學的，忽而根據器物的品質，忽而根據器物的用途，因而發生困難。第二，許多不屬於上幾類的古物，因材料少而無法歸類，容易忽畧。第三，材料的時代沒有畫分，兩個相隔很久遠的東西會混在一處。第四同時代的器物，往往分列各類，無法比較。

基於文字學的觀點，我曾提出一種新的分類法。我們可以不管這材料是古書裡的，或古器物裡的，我們也可以不問器物的用途，或品質，所應注意的，只是時代與地域的區分。由此，在已發見的材料裡，分為下列的四系。

一　殷商系　以甲骨卜辭及銅器為最多。中央研究院在安陽發掘所得，尚有獸頭刻辭及匋器。此外見於市儈家及收藏家者，有骨柶，玉器，鉩等。

二　兩周系　以銅器為最多。匋器中有一小部分屬此期，如塤是。考古圖所著錄有石磬。此期以春秋末年止，所謂籀文，也應屬此。

三　六國系　除竹簡已佚外，以銅器，（兵器較多）匋器，鉩印，貨布，為最多，封泥和鉩相近，金爰和銅貝和貨布相近。玉器，石器，銀器，量不甚多。說文裏的古文，和三體石經裏的古文，均屬此。

四　秦系　以銅器刻石為多，權有石或鐵製的，量有匋製的。小篆屬此系，所以漢以後的篆書，都應附此。

這樣分類，既可以表現出每系文字的特點，又能包括各種畸零的材料，實是最善的方法。在目前，因研究的便利，固可整用舊分類法，不過，在精密完備的古文字研究裏，是必需用這種方法的。

乙　材料的來源

現在所謂古文字，在秦以前，有些不能叫做「古」。左傳說楚史倚相能讀三墳、五典、八索、九丘之書，倚相能讀而別人不能讀，可見這種書用的是古文字。堯典、咎繇謨說「粵若稽古」，可見是周人用古代材料來編輯的，這種史料，大概也是古文字寫的。大概周人所以為古文字的，至少在周以前，這種材料，可惜沒有遺留下來。

經過戰國時長期的擾攘，和秦的統一，舊時紛歧的文字，大都消滅，繼之起的，是整齊劃一的小篆，和苟且草率的隸書，於是在漢人心目中，一切先秦文字，都是古文字了。

漢初正當秦焚書之後，惠帝才「除挾書之律」，武帝才「開獻書之路」，「建藏書之策，置寫書之官」，於是「外則有太常太史博士之藏，内則有延閣廣内秘室之府，許多已亡佚的古書，都重行發現了。張蒼獻春秋左氏傳，魯恭王壞孔子宅，在壁中得禮，尚書，論語，孝經等，後來都歸中秘，這都用六國文字寫的，只因那時學者還没有注意古文字，對這種材料，都忽略了。

漢時所存的古字書有兩種。其一是史籀十五篇，後建武時亡六篇。其二為倉頡篇一篇，李斯趙高胡毋敬等所作，而給閭里書師所合并的，漢書藝文志說：文字多取史籀篇，而篆體復頗異，所謂秦篆者也。這兩種書原來都是用以教學僮的，在那時却成為很難讀的了。所以藝文志又說：倉頡多古字，俗師失其讀，宣帝時徵齊人能正讀者，張敞從受之。張敞好古文字，這回徵名，大抵是他鼓動出來的。後來平帝時又有徵爰禮等百餘人說文字未央廷中的盛事，那大概是揚雄等的意思。經過這兩回提倡，古文字就為學者間重視了。

成帝時劉向校中秘書，才用中古文的易和書來校今文。

向子歆才創議建立左氏春秋、毛詩、逸禮、古文尚書。這時古文字學已盛，所以今文學家儘管竭力反對，古文經學終於大行。後來古文經學者許慎作說文解字，敘篆文，合以古籀。在史籀、倉頡和古文各經全亡佚以後，這書是最重要的材料了。

古文經的原本是竹簡，藏在中秘的是否原本，今不可知，後來都亡佚了。但外間還有抄本流傳，魏正始中所立的三體石經有尚書和春秋的古文。石經久毀，宋時有一部分發現，也已佚去，只有隸釋裏保存着。近世所出殘石頗多，頗可以作研究六國古文的參考材料。那種抄本的古文經到唐時還有流行，李陽冰有古文孝經和古文官書合為一卷。

六朝以後，一般人不會寫古文字，於是有所謂隸古，尚書的偽孔本，就是用隸古寫的。關于這一部分材料，在唐人寫本裏保存很多，但未必全可靠。字書裏所謂古籀往往出說文外，雖然都是隸書寫的，有時也可以供參考。

後世的今文經家往往懷疑孔壁出古文經的事，其實是無可疑的。剛過秦火的厄，在梁閑壁裏得到古書，是很容易的。燉煌的唐寫本正是絕好的例子。後來杜林在西州得漆書古文尚書一卷，晉時汲縣發見竹簡古書七十五卷，有周易，紀年，瑣語，穆天子傳等，南齊時雍州發見竹簡，有考工記，梁時任昉得一篇缺的書是古文尚書所刪逸篇，可見這類簡書，在唐以前是常有發現的。竹簡日久朽腐，所以唐以後無聞，近時中央研究院在河南發掘所得只略存影象了，但在吐魯番，燉煌等高燥的地方所發現的漢代木簡很多，其中有論語，史記等殘簡，以今證古，就可知孔壁古文，決非僞託了。

漢時雖常有銅器發現，見於著錄的，像孔悝鼎，尸臣鼎，仲山甫鼎之類，又近所發現的銅器往往有秦以前的東西而漢代加刻款識的，可是那時沒有人去注意收集。那時候，紙還沒有發明，沒有傳拓的方法，在簡牘上固然也可以傳寫，但那時認識古文字的人太少了。所以，銅器銘辭，沒有傳布的機會。歐文裡雖然提及鼎彝，實際上卻沒有徵引一個字。

魏晉以後，古器還時常出土。王肅說太和中，魯郡于地中，得齊大夫子尾送女器，有犧尊。劉杳說永嘉賊曹嶷於青州發齊景公冢得二尊。南齊時始興王鑑做益州刺史，在古冢裡得銅器十餘種。梁劉之遴在荊州聚古器數十百種。此外史傳所記的還很多。但出土之日，即湮滅之期，這些材料，一毫沒有留存下來。所謂虞荔鼎錄，陶宏景刀劍錄，是一手所造的偽書，全無足觀。顧烜的錢譜，只收莽布以下，其書久已亡佚。

由上文所述，漢魏六朝的古文字材料，只有竹簡。那時流布的方法，只是傳寫。傳寫本易錯誤，何況寫者往往不認識古文字。所謂隸古，錯誤尤多。一般好怪的人，漸漸造許多假的古文字，後來大都錄在郭忠恕的汗簡裡。這是古文字材料發見史上的第一個時期。

第二個時期裏最可注意的是拓墨的發明。這發明的確切時代，已不可知，但能知道是由拓石經而起。本來石經刊成後，學者競相摹寫，到晉的中葉，還沒有拓本，而隋書經籍志裏的一字石經和三字石經，卻已是拓本了。（隋志注載梁有一體石經、三體石經，均係究帙，疑後魏初年的東西，也許那時已有拓本。）由石經而及秦刻石，封演聞見記說：嶧山始皇刻石，其文李斯小篆，後魏太武登山，使人排倒之，然而歷代摹拓，以為楷則。可見在唐前就有拓本了。

大概在隋末唐初，在天興縣南發見秦雍邑刻石，當時人稱為『獵碣』，又叫做『石鼓』，以為是史籀寫的，書家文學家都很受衝動，韋應物、韓愈都有石鼓歌，因之就為傳世古物中最煊赫的一件。這刻石在唐初就有拓本，蘇勗曾在上面做過題記。

由拓本更進一步，就有傳刻本的出現，聞見記又說：邑人疲於奔命，聚薪其下，因野火焚之，由是殘缺不堪摹寫，然尤上官求請，行李登涉，人吏轉益勞弊。有縣宰取舊文勒於石碑之上，凡成數片，置之縣廨，須則拓取，今間有嶧山碑，皆新刻之本也。杜甫說嶧山之碑野火焚，棗木傳刻肥失真。兩說稍異，總之在唐時已有翻刻本了。雍邑刻石後來也有岐下刻本，見薛氏鐘鼎款識。

會稽刻石在唐時大概尚存，史記索隱和正義都曾引過碑文，在宋初却似和嶧山刻石一樣，連拓本都不易得了。徐鉉曾寫過這兩刻石，後鄭文寶刻了嶧山，（嶧山刻石宋時尚有夏竦家本，今未見。徐以後刻有七本，以鄭刻長安本最佳。）會稽一直到元時申屠駉才重刻。泰山刻石，宋真宗時摹本只存四十餘字，大觀時，劉跂親至碓下摹得完本刻泰山秦篆譜。（今絳帖所存縮圖，當即本劉譜。絳帖雖題淳化五年上石，但實際刊成很遲。）

詛楚文是北宋中葉發現的，廣川書跋說初得大沈湫文於郊，又得巫咸文於渭，最後得亞駝文於洛，這是雍邑刻石以後絕大的發現，蘇軾在鳳翔八觀裏首先歌詠，後來學者們對這文的注意，僅亞于雍邑刻石。

這時期裡，以石刻為主要發見，但作偽的很多，像岣嶁碑，延陵季子碑，壇山刻石等，都是唐宋時不很懂古文字的人所造。法帖所載倉頡書二十八字，夏禹書十二字，史籀書六字，均不可信，李斯十八字乃李陽冰之誤。

除了石刻以外，其他古物還沒有被注意。開元十三年，萬年出土五鼎，四個有文字的，說是垂做的。張懷瓘書斷說，往在翰林見古銅鐘二枚，高二尺許，有古文三百餘字，紀夏禹功績，字皆紫金鈿，似大篆，神采驚人。此外還有許多銅器，都沒有流傳，大概是還不會摹拓銅器的緣故。散布在唐封演張台的譜錄裡，雖已有著錄，但不很盛行。

銅器文字的重視，在第三個時期。五代時，古文字學很盛，宋初頗受影響。咸平三年，乾州獻古銅鼎，有古文二十一字，句中正和杜鎬詳其文。即薛氏款識仲信父方甗。又內（京誤太）公簋亦咸平時獻。秦公鐘本藏內府，皇祐間摹其文以賜公卿，楊南仲為圖刻石。到嘉祐時劉獻作永興路安撫使，其治在長安，得古器物很多，作先秦古器記。歐陽脩作集古錄，把劉氏所獲集的古器，都收集進去。後來李氏古器物銘說：「蓋收藏古物，實始于原父，而集古錄前代遺文，亦自歐陽公發之。後來學者，稍稍知搜抉奇古，皆二公之力也。」宋代所發現的銅器，現在所知道有六百多種。（其中有少數偽器，像比干墓銅盤之類。）

銅器之外，其他古物也略注意。關于貨幣，李孝美、董逌、洪遵等都有譜錄。鈢印，有楊克一的印格（薛氏款識引古今印格，即此。鄭樵通志誤作晁克一。）王俅嘯堂集古錄裏也有附錄，在考古圖等書裏，也間或收別的古物，但數量都很微小。

這個時期很短，南渡以後，因為地域的關係，獲得古器物的機會漸少，士大夫也不很注意這些了。

元明兩代，對於印章，蒐集較勤。明末顧氏的集古印譜，有古玉印一百五十餘，古銅印一千六百餘，數量已很可觀。錢幣一類，也頗有人繼續蒐集。到清高宗時，勅撰的書，銅器有西清古鑑，貨幣有錢錄，璽印有金薤留珍。嘉慶道光以後，關于金石，磚，瓦，各古器，學者們蒐集愈勤，新發現的東西也愈多，像印章一類的古鉩和封泥，貨幣一類的空首布，都是前人所未知的。陳介祺開始收集匋器，更是重要的發現。

這一期裡，對於古器物是兼容並包的，除了已亡佚不可再見的東西外，大抵都被蒐集。從漢以來，可以說最盛了。

但是，這些發現，還不過是一個序幕，到了最近，又變到一個新的時期。這個時期裡可以注意的是印刷術的進步，從奇觚室吉金文述，開始用照像石印以後，材料傳布的方法，逐漸精美簡易，較之以前的刻本，不可同日而語。第二是殷虛甲骨的發現，由光緒二十五—六年到現在，還不到四十年，所得的材料有幾萬片，在各種古物裡，只有銅器，可以抗肩。

整批銅器的發現，像新鄭，渾源，李峪，洛陽韓墓，壽縣等，大祇是私掘的，方法粗疏，器物散佚，都是文化上極大的損失。我們所可稍稍自慰的，是中央研究院的發掘安陽，譚城等地，業已走上科學發掘的道路。

近時發現的重要器物很多，銅器有沈子它𣪘蓋，井侯𣪘，矢彝，矢𣪘，驫羌鐘等；石刻有袁安，袁敞兩碑，三體石經殘石，雍邑刻石有三個最好的北宋拓，泰山刻石有較劉跋所見還多的北宋拓。至於有古文字的玉器銀器等，更為前此所未見。西陲木簡和燉煌唐寫本的發現，對古文字學也頗有裨益。

在古器物發現史的五個時期裡，這是最燦爛的一個。這個新時代正在開始，我們希望還有更新的更重大的發現，現在的古文字材料，可確定的最早時代是商代，但已是近古期文字。上古期的材料，幾乎可說沒有，我想關于先商各代遺址的發掘，在目前可認為最急迫和最有意義的工作。

丙　材料的輯集

關于古文字材料的輯集，有兩種。其一是原料的蒐集，把有文字的器物聚在一起，其二是經過整理的工作，以文字為主體去分類編集。這兩者間的關係，幾乎是不可分的。

輯錄古文字的書，興于漢時，—前此的史籀篇和倉頡篇，本都是記載當時的文字和後來輯錄的不同。漢書藝文志有古今字一卷，王先謙說：

儒林傳：孔安國以今文字讀古文尚書，論衡云：壁中古文論語，後更隸寫以傳誦，此蓋列具古今，以便誦覽。

大概是對的，魏張揖作古今字詁，現在還能在輯本裏看到原書的體例，我以為就是古今字的詁，和杜林的倉頡故一樣。（凡以古今字對照的是原書，訓故才是張所作。）

隋書經籍志有古文官書一卷，後漢議郎衛敬仲撰。敬仲名宏，是杜林的弟子，他的官書，唐宋間還存在，（各書所引，有作古文奇字，有誤作說文古文尚書。）史記正義序例說：衛宏官書數體也是古今字一類的書。隋志還有古文奇字一卷，後漢太子中庶子郭顯卿撰。（唐書藝文志和一切經音義俱作郭訓，訓大概是顯卿的名。）可見這類輯集的工作，漢時很盛行。

自許慎的說文兼采古籀，晉呂忱作字林，又有增益。魏晉以後的字書韻書也都有附列，不過已改寫隸書，不免錯誤。

早期的古文字的蒐集，除了史籀倉頡以外，大部分是由古文經來的。六朝以後，古文經漸漸亡佚，後世假造的古文漸漸增多，郭忠恕汗簡，夏竦古文四聲韻都采集後人所寫的碑刻，（如碧落碑，雲臺碑，王惟恭黃庭經等。）古書，（如山海經世本，尚書大傳等。）韻書，（如祝尚丘韻，義雲切韻，王存乂切韻，唐韻，籀韻等。）而且很多是從隸書改做古文的，其材料的蕪雜，就可想而知了。

從劉原父歐陽永叔著錄銅器以後，輯集銅器的書很多。除了集古錄，金石錄，東觀餘論，廣川書跋，紹興內府古器評一類只存跋語外，可以分為兩類。一類有器形的圖，像李公麟的古器圖，（今佚。）呂大臨的考古圖，王黼等的博古圖錄，無名氏的續考古圖等。一類只錄銘文，像趙明誠的古器物銘，（金石錄云：「右石本古器物銘，余既集錄公私所藏三代秦漢諸器款識畧盡，乃除去重複，取其刻畫完好者，得三百餘銘，皆模刻于石。……近世士大夫閒有以古器銘入石者，然往往十得一二，不若余所有之富也。」考翟耆年籀史載古器物銘碑十五卷，凡商器三卷，周器十卷，秦漢器二卷，今佚。此書為集錄銘文最早者，薛尚功書即由此出。）王俅嘯堂集古錄，薛尚功的歷代鐘鼎彝器款識法帖，（原為石刻，盛熙明法書攷云：「碑在江州，」蜀有翻本，後多一跋，字肥，闕尚存全帙，未見。中央研究院所印，僅數葉。又有薛氏手書本，明崇禎朱謀垔刻本，又明萬曆萬岳山人刻本，清光緒劉世珩刊本，均從傳抄本出。）王厚之鐘鼎款識等。

夏竦作古文四聲韻，在序裡說到祥符中郡國所上古器，多有科斗文，他的書就為了認識古器文字的目的而作，但在書裡還沒有采集。（宋刻本附有數字，汪本謂是後人所增而删去。）元祐壬申（七年）呂大臨作考古圖，後來就有趙九成的考古圖釋文，政和中黃伯思曾作古文韻，以夏竦所集和趙善繼所廣為主，益以款識石刻印章等，（詳東觀餘論）但似未傳於世。同時王楚作鐘鼎篆韻，到紹興時，薛尚功作歷代鐘鼎篆韻，晁公武郡齋讀書志載鐘鼎篆韻七卷，說：

右皇朝薛尚功集，元祐中呂大臨所載，僅數百字，（按此即趙九成所集，晁氏誤。）政和中王楚所傳亦不過數千字，今是書所錄，凡一萬一百二十有五。

盛熙明法書攷說：在江州版內一卷篆形奇字，一卷器物名目，五卷韻。其書明時尚存，今佚。元楊鉤作增廣鐘鼎篆韻，今存。元明以後，這一類的書很多，但材料只是這些。所存的，像李登的摭古遺文，朱時望的金石韻府，一直到清汪立名的鐘鼎字源，都不過轉輾稗販而已。

宋以後，刻印的風氣大盛，於是有蒐集古印的譜錄。法書攷所載，宋元人所集的有宣和印譜，楊克一圖書譜，（即楷）卿王厚之復齋印譜，顏叔夜古印譜，姜夔集古印譜，吾衍古印文，趙孟頫印文等。（今俱不存，惟說郛有王厚之漢晉印章圖譜。）元明間印譜愈多，至清初已有二三十種。清康熙時閔齊伋作六書通，常采用印文，後來不通字學的摹印家，往往據以刻印，其實此書體例蕪雜，真假混殽，一無足取。嘉慶時袁日省作漢印分韻，謝景卿作續集漢印分韻，桂馥作繆篆分韻，都專集古印文字，比宋以來別的古文字書，較為精碻。

清高宗勅撰西清古鑑，寧壽鑑古等四書，當時雖只刻古鑑，而且流傳未廣，但臣下確受很大的影響。嘉慶元年，錢坫刻他所著的十六長樂堂古器款識考，九年，阮元刻所輯的積古齋鐘鼎彝器款識，搜集銅器的書，於是乎大盛。西清四鑑是取法於博古圖的，阮書是有意續薛的，錢書以己所藏為限，和先秦古器記的性質相類。後來想續阮書的很多，像敬吾心室彝器款識，（朱善旂）從古堂款識學，（徐同柏）筠清館金文，（吳榮光）攈古錄金文，（吳式芬）綴遺齋彝器款識考釋，（方濬益）愙齋集古錄，（吳大澂）鬱華閣金文（盛昱）等是。專輯自藏的大抵兼器形，像曹載奎的懷米山房古金圖，劉喜海的長安獲古編，吳雲的兩罍軒彝器圖釋，潘祖蔭的攀古樓彝器款識，端方的陶齋吉金錄，丁麟年的移林館吉金圖識等，都是這樣，只劉喜海的清愛堂鐘鼎彝器款識法帖無器形，（盧齋吉金錄乃後人所輯，亦無器形。）是例外。吳大澂的恆軒所見所藏吉金錄，兼采別人所藏，也是一個變例。

嘉慶時嚴可均作說文翼十五篇，輯鐘鼎拓本，用說文來編次，這是一個很重要的變革，脫離了夏竦以後用韻編次的窠臼，而復回到汗簡以前的方法。此書原稿據聞尚在，可惜未刊行。同時莊述祖作說文古籀疏證，今存殘稿。據他的條例說，原意要編彝器文為一卷，而所得拓本很少，大都從摹本，不很可信。又莊氏想自立系統來代替說文，所以不是搜集材料的性質。（書中所采材料也極蕪亂。）

乾嘉以後，古器物學大盛，印譜方面約六七十種，較著的有高慶齡的齊魯古印攈，郭申堂的續齊魯古印攈，吳大澂的十六金符齋印譜等，陳介祺的十鐘山房印舉，所收最為繁富。封泥有吳式芬陳介祺合輯的封泥考略。錢幣方面，著述很多，搜羅最備的要算李佐賢的古泉匯，和李與鮑康同編的續泉匯。古陶最後出，陳介祺所藏很多，但只有拓本，沒有輯錄成書。雍邑刻石，張燕昌曾据天一閣宋拓，校改刊石，後阮元曾重刻。

在這個環境裏面，吳大澂輯成他的名著說文古籀補，這是以銅器文字為主，兼采雍邑刻石，古幣古鉨，古陶器等文字而成的。全書所輯，大都据拓本，與以前的材料書鋟轉輾稗販的不同，所以當時就有盛名。後来依傍此書體例的有丁佛言的說文古籀補補，強運開的說文古籀三補。

自殷虛卜辭發現以後，王懿榮最先蒐集，王氏死後，大部分歸劉鶚，劉氏又繼續蒐集，光緒二十九年印行鐵雲藏龜，所收凡一千片。羅振玉繼劉氏之後，蒐輯更多，有殷虛書契前編殷虛書契菁華，殷虛書契續編。劉氏所藏後来散佚，各家所輯的有羅氏的鐵雲藏龜之餘，姬覺彌的戩壽堂殷虛文字，葉玉森的鐵雲藏龜拾遺。此外，日本各家所藏的，有林泰輔所輯的龜甲獸骨文字，王襄所藏的有他所輯的簠室殷契徵文，燕京大學所藏的有容庚所輯的殷契卜辭，河南博物館所藏的有關百益的殷虛文字存真，蒐集各家拓本的有商承祚的殷契佚存和羅振玉殷虛書契續編。坎拿大人明義士所藏，曾輯殷虛卜辭，是摹寫的，後又得甲骨很多，尚未印行。中央研究院，在安陽所發掘的，除了零星發表外，只有第一次所得，經董作賓摹為新獲卜辭寫本。英人庫全英，美人方法斂所藏，有方氏所摹的庫方二氏藏甲骨卜辭，但書中頗多贋品。

銅器方面，羅振玉搜集很力。他自己所藏有夢郼草堂吉金圖，貞松堂吉金圖。閩陳氏所藏有孫壯的澂秋館吉金圖。古物陳列所所藏有容庚的寶蘊樓彝器圖錄和武英殿彝器圖錄。河南博物館所藏有關百益的新鄭古器圖錄，容庚所藏有頌齋吉金圖錄，于省吾所藏有雙劍誃吉金圖錄，劉體智所藏有善齋吉金錄，（此書兼錄鉨印錢幣等，容庚有善齋彝器圖錄，專收銅器。）此外，搜集各家所藏的，有商承祚的十二家吉金圖錄，黃濬的尊古齋所見吉金圖，容庚的海外吉金錄等。

專錄拓本的，有殷文存和秦金石刻辭，並羅振玉輯。鄒安的周金文存，本也是羅氏的計畫，但鄒書真偽雜出，羅甚不憙，所以羅福頤編的金文著錄表不列鄒書。羅氏後又輯貞松堂集古遺文，又有補遺和續編，可惜都是摹印，總不如景印拓本。此外，順續羅書的有王辰的續殷文存，和羅書體例相近的有容庚的秦漢金文錄。又劉體智所輯小校經閣金文，材料很豐富。

璽印的搜集，在這時期裏還很注意，劉鐵雲、羅振玉以下，劉商承祚等所輯不下三十種。封泥有劉鶚鐵雲藏封泥，羅振玉齊魯封泥集存，周明泰續封泥考略等。專輯古鉨的書，有黃澹的尊古齋古鈢集林。

匋器和錢幣著錄較少。匋器自鐵雲藏匋後，有吳隱的遯盦古陶存，太田孝太郎的夢盦藏匋，王獻唐的鄒滕古匋文字等。周進藏匋很多，惜未印行。錢幣拓本，印行的只有戴熙的古泉叢話，王錫棨的泉貨彙考，江標的古泉拓存，王懿榮的古泉精選等。

石刻方面，雍邑刻石的中權後勁兩本，和泰山刻石，均已有景印本。容庚有古石刻零拾的輯集。三體石經有陳乃乾輯本，但所闕很多。西陲木簡方面，已發表的有羅振玉王國維的流沙墜簡，張鳳的漢晉西陲木簡彙編。

在這時期裏，編集文字的書，可以分為兩類，還有繼承拓續補一類，已見上文。第一類是把各種古器文字分別搜集，羅振玉最主張此說，金文編序說：

中丞指吳大澂既備采古禮器文字，復益以古貨幣、古匋鈢然稽其時代，雖均屬先秦，而論其書體，則因所施而各異。文多省變，可識者寡。今考證古籀，宜專采之彝器，貨幣，匋鉩，宜為別錄。

所以這一派的編集，如王襄的簠室殷契類纂，商承祚的殷虛文字類編，朱芳圃的甲骨學文字篇，孫海波的甲骨文編，容庚的金文編，金文續編，羅福頤的璽印文字徵，顧廷龍的古匋文孴錄等，均限於一部分材料。商承祚還有石刻篆文編，但未印行。

另一類是用各種材料混合編集的，如日人高田忠周所編的朝陽閣字鑑和古籀篇，材料蕪雜，無足取。徐文鏡的古籀彙編，集鐘鼎字源，說文古籀補，說文古籀補補，金文編，古鉩文字徵，殷虛文字類編，六書的正編，刪去附錄，尚便於初學的查檢。

關於古文字的材料，至今沒有著錄過的很多，一方面，新出的材料，隨時都有增加，蒐集材料編集字書的兩種工作，還有很大的發展，是無疑的。將來的工作，應當注意到時代和地域的區別，華學涑曾輯過一本秦書集存，雖不很精善，但我們不妨用這體例去編些精善的字書，於古文字的研究，將有更多便利。

三　古文字學小史

甲　文字學的起原

文字雖用以代表語言，但牠的本身是形體，形體是由繪畫來的。語言的聲音和文字的形體，最初是諧合的，見了形體，就可以明瞭牠們所代表的語言。日子一多，可就不然了。聲音形體在歧路上分手，各自走上變化的新路，愈走隔離得愈遠。每個文字，所代表的語言，往往不是原來的意義，而從牠們的新形體裡，也大都看不出制字的本義。於是，每個文字為什麼要這樣寫的研究，就發生了，這種研究，就是文字學。

文字學的萌芽，大概在周代。爾雅据說是周公所做，雖無確証，但蟲魚鳥獸艸木的正名，很多形聲字，確像是一個時期所創造的，而這個時期當在周初。又史籀篇据說是周宣王時太史籀所作，王國維以為六國時西方通行的文字，但由所存的遺字看來，王說大概是錯的，這種文字，至遲也當在春秋前期。

春秋時解說文字的風氣很盛，左傳宣公十二年，楚莊王說「夫文止戈為武」，十五年，伯宗說「故文反正為乏」，昭公元年，醫和說「於文皿蟲為蠱」，已都由形體方面去剖析了。到六國時，學者們對於文字都很注意，因為那時的文字混亂太甚，就引起了「書同文」的思想。那時盛行倉頡作書的傳說，作書的時候，當然得有理由，韓子五蠹說「倉頡之作書也，自環者謂之私（當作厶），背私謂之公」，此類解說，在當時大概很多，因而文字構造的理論也有了。周禮保氏有「六書」，周禮是六國時人做的，可見那時的解釋文字，已有系統了。

秦併天下後，學者們「同文字」的理想，居然達到了。他們創作小篆來替代大篆，這確是有規律的改革。李斯作倉頡篇，趙高作爰歷篇，胡毋敬作博學篇，都是用小篆寫成的。

「秦書有八體，一曰大篆，二曰小篆，三曰刻符，四曰蟲書，五曰摹印，六曰署書，七曰殳書，八曰隸書」，漢書藝文志有八體六技一書，六技大概就是保氏的六書，八體是字體的區別，六技是造字的技術，前人以為六技是王莽時六書，是錯誤的。八體六技應當是漢以前的遺書，所以藝文志的次序，在史籀篇後，倉頡篇前。而且漢人把六國文字叫做古文，奇字，不會知道秦書有幾體的。（尉律說「以八體試之」，當是蕭何承秦律而作，不是漢時有此八體。）

乙　漢代的文字學

漢初，通行的字書，是合併了爰歷博學的倉頡篇，那時的人都喜歡摹仿牠，像司馬相如的凡將篇，史游的急就篇，李長的沉尚漏，都是。後平帝時，徵爰禮等百餘人，說文字未央廷中，「揚雄取其有用者以作訓纂篇，順續倉頡」，這類字書的編集，到東漢時還很流行。

自然，這種字書，都是把日用的文字，編成文句，以便記憶，是不能稱為文字學的。但牠們和文字學的發展，卻很有關係。「宣帝時，因為倉頡多古字，俗師失其讀，徵齊人能正讀者，張敞從受之」。敞傳子吉，吉傳敞的外孫杜鄴，鄴傳子林和張吉子竦。杜林做倉頡故和倉頡訓纂，他的「正文字，過於鄴竦」，所以漢書說「世言小學自杜公」。

由張敞好古文字，釋尸臣鼎的銘，通倉頡篇的讀，開了研究文字的風氣。到平帝時，通小學的人，已有百數，著名的學者有杜鄴，爰禮，秦近，楊雄等，古文字已成一時的風尚。湊巧成帝以後，劉向校中秘書，發見了古文經，在字句方面，較之通行本，優點很多。他的兒子劉歆又十分喜歡周禮，左傳，毛詩等，替古文經學擲立了家法，並且，一度立於學官，由此，古文經學大盛，和舊時的今文經學相抗了。

古文經是用六國文字寫的，所以王莽時有六書，一曰古文，二曰奇字，三曰篆書，四曰佐書，五曰繆篆，六曰鳥蟲書，古文是孔子壁中書，奇字即古文而異者，可見因古文經學的發展，這一類的古文字，也被重視了。杜林寶藏着一卷漆書的古文尚書，他的弟子衛宏做詔定古文官書，六國古文是那時小學家必須研究的材料了。

但是，一般頑固的今文經學者，和俗儒，竭力反對古文經學，並且不信古文字。許叔重在說文序裏說到壁中書和鼎彝的銘相似，下面又說：

而世人大共非訾，以為好奇者也。故詭更正文，鄉壁虛造不可知之書，變亂常行，以燿於世。諸生競釋字解經誼，稱秦之隸書為倉頡時書，云父子相傳，何得改易。乃猥云，

「馬頭人為長」,「人持十為斗」,「虫者屈中也」,廷尉說律,至以字斷法,「苛人受錢」,苛之字止句(可當作)也。若此者甚衆,皆不合孔氏古文,謬於史籀。俗儒鄙夫翫其所習,蔽所希聞,不見通學,未嘗覩字例之條,怪舊埶而善野言,以其所知為秘妙,究洞聖人之微恉。又見《倉頡篇》中「幼子承詔」,因號古帝之所作也,其辭有神仙之術焉。其迷誤不諭,豈不悖哉。

可以看見這一派人的意見。

那時候,一班通人,像爰禮,楊雄,劉歆,杜林,賈逵,衛宏,徐巡,桑欽等,大都通古文字,喜歡古文經學,而對方今文經學的末流,所謂俗儒鄙夫,瞧見古文經學將要盛行,因而作最後的掙扎,造出許多讖緯,說為孔子所作,用以抵抗古文經家。

緯書裡幾乎包括盡當時今文學家所有的常識,如天文,地理,曆,律,數學,小學等。在小學方面,他們所解釋的只是隸書,這種學說現在還存留的,像:

士垂一人詰曲折着為矢。亦戴尸首，以寸者為言寸度治分數之法，亦惟尸稽于寸，舍則法有分，故為尉，亦與尸寸。

刑字從刀從井，井以飲人，人入井爭水，陷於泉，以刀守之，割其情，欲人畏慎以全命也。

网言為詈，刀詈為罰。

二人為仁。

屈中挾一而起者為史。

土力于乙者為地。

兩口銜士為喜，喜得明，心喜者為憙，憙天心。

四合其一。按此說日字。

十從一為土。

兩人交一以中出者為水，兩人譬男女，言陰陽交物以一起也。

人散二者為大也。
八推十者木。以上並春秋元命苞
蟲動於凡中者為風。
虫之為言屈中也。並春秋考異郵
一大為天。
日生為星。
土力於一者為地。
禾八米為黍。
西米為粟。西者金所立，米者陽精，故西字合米而為粟。
以上並春秋說題辭

此外像卯金刀的劉字，尤為習見。

在這種鄙妄的字說裡，可以看見今文經家的不學無術，和古文經家所以能代興的緣故了。古文經家不但相信古文字，並且闡明文字構造的理論。保氏只說六書，六書是什麼，却没有說到，班固的藝文志才說，謂象形，象事，象意，象聲，轉注，假借，造字之本也。藝文志本於劉歆七略，劉說的來源，大概是八體六技。後來鄭衆做周禮注，許慎做說文解字序，所說略同，鄭衆是鄭興子，許慎是賈逵的再傳弟子，而興逵同是劉歆的弟子，可見這種理論是古文經學家才開始應用的。張懷瓘書斷卷古文條引孝經援神契曰：奎主文章語，下云：倉頡文字者，總而為言，包意以名事也。分而為意，則文者祖父，字者子孫。得之自然，備其文理，象形之屬則謂之文。因而滋蔓，母子相生，形聲會意之屬則謂之字。字者言孳乳浸多也。題於竹帛謂之書，書者如也，舒也，紀也。都是張氏的話，前人以為也是援神契所說的話，大誤。

古文經學家既有了六書的理論，史籀篇，古文經傳，倉頡訓纂等材料，目睹俗說的流行，自然不得不去設法矯正了。於是五經無雙的許叔重采篆文，合古籀，博采通人，考於賈逵，作說文解字十四篇，緟錄一萬餘字，序云：九千三百五十三文，重一千一百六十三。今大徐本九千四百三十一文，重一千二百七十九。為五百四十部。自序說：

其建首也，立一為耑，方以類聚，物以羣分，同條牽屬，共理相貫。雜而不越，据形系聯，引而申之，以究萬原。畢終於亥，知化窮冥。

這是他的條例。本來倉頡、凡將、急就等篇都把偏旁相近的字，聚在一起，到了說文裡更嚴格了，把所有的文字找出五百四十個單位來立做部首，每一部首統率若干同偏旁的字，所謂[四]分別部居，不相雜廁，於是這一萬多字，有了駕馭的方法了。在部首與部首之間，據形系聯，始一終亥，自成系統。在每部裡，字的先後，也都有次序。在說解方面，原本經傳，博采通人，每字求其本義，自六書說產生以後，這實是偉大而成功的著作。

漢以前的小學書，像爾雅、史籀、倉頡、方言、釋名、聲類等，都屬於訓詁聲音方面，只有說文是專主字體的，所以在漢末已很盛行，鄭玄注禮已見引用。（周禮考工記注引「鋝，鍰也」。禮記雜記注引「有輻曰輪，無輻曰輇」二句。）魏晉以後，一直到現代，這部書就成為文字學上惟一的經典。

用現代的眼光去看說文，當然有許多可指摘的地方，許氏所據的材料，只有籀、古、篆，比隸書固然好多了，但用商及周初的文字來比較，便又遠遜。許多文字在東周以後變化很大，已經無從知道本義。所以分部的錯誤，說解的穿鑿附會，都是免不了的。可是一直到現在沒有一部較牠更好的著作，爾雅雖是經，在文字學史上，也遠不如牠的偉大。並且因牠保存的材料，可以做研究商周文字的梯階，在將來的文字學上，也還有重要的價值。

丙　魏晉六朝的文字學

魏晉以後，小學方面，分為三科。講訓詁的有倉雅之學，倉是合倉頡、訓纂、滂喜的三倉，雅是爾雅，魏張揖作埤倉和廣雅，晉郭璞作方言注、三倉注（新唐書藝文志有張揖三倉訓詁三卷，疑誤。）又承樊光、李巡、孫炎、犍為舍人等而作爾雅注、音義、圖讚，張郭以後，這一派便很式微。聲韻之學，由漢末開始發展，孫炎作爾雅音義，才有反切，到魏時有李登聲類，晉時有呂靜韻集。後來音義和韻書都很盛，到隋時有陸德明的經典釋文和陸法言的切韻，字體方面，晉呂忱作字林，江式說他附託說文，按偶章句，隱別古籀奇惑之字，文得正隸，不差篆意。封氏聞見記說亦五百四十部，凡一萬二千八百二十四字，諸部皆依說文，說文所無，皆呂忱所益。張懷瓘書斷說：字林則說文之流，小篆之工，亦叔重之亞也。梁顧野王作玉篇三十卷，凡一萬六千九百一十七字，（此據聞見記，今本玉篇凡二萬二千七百餘字。）五百、四十二部，部目次序，都和說文略異。又用隸書為主，雖以形體分部，但於每字的形體不很注意，只廣徵傳注和字書的解釋，所以面貌上雖是屬於形體的，實際卻只是訓詁書。又後魏陽承慶作字統二十卷，一萬三千七百三十四字，其書已佚，由各家所引的遺文看來，和許呂的書還相近，但像

窳，嬾人不能自起。从㐺在地，不能自立，故字從㐺。又嬾人恆在室中，故從穴。（玄應音義）

稱甲立於左者卑也。

販，買之賤，賣之貴，朝買而夕賣。按此釋從反之意。
以鼻就臭曰齅。
蚊按當作蟁蟁人飛蟲，以昏時而出。
女七月生齒，七歲而齔，男八月生齒，八歲而齔也。
反可為叵。並慧琳音義
笑，從竹從夭，竹為樂器，君子樂然後笑。九經字樣
規，丈夫識用，必合規矩，故規從夫也。
麤，警防也。鹿之性相背而食，慮人獸之害也，故從三鹿。
衍，水朝宗於海，故從水行。並廣韻
便，人有不善，更之則安，故從更從人。集韻
朱衣曰袾。龍龕手鑑
都偏於會意，已開王安石字說的風气了。奥字，字統以為從宀𢍰聲，𢍰音弓六反，下從廾，上從古文六字，而以從米作奥者為非，可見在形聲方面也都和說文不同。隋曹憲諸葛穎等撰雅

苑珠叢一百卷，今亦不傳，書的體例或和玉篇相近。又七錄有演說文一卷，庾儼默注，隋志有說文音隱四卷，字林音義五卷，宋揚州督護吳恭譔。

漢末以後，隸書盛行，新出俗體很多。六朝碑誌造像裏，數不勝數。江式說：

世易風移，文字改變，篆形謬錯，隸體失真。俗學鄙習，復加虛造，巧談辯士，以意為疑，炫惑于時，難以釐改。乃曰：追來為歸，巧言為辯，小兒為䶊，神虫為蠶，如斯甚眾，皆不合孔氏古書、史籀大篆、許氏說文、石經三字也。凡所關古，莫不惆悵焉。

魏世祖始光元年還曾頒行新字千餘。在這種環境裏，文字學當然受影響，葛洪的字苑收影字，王義的小學收陣字。好古文字的學者，像李鉉、顏之推、趙文深等，只有依傍說文字林來糾正乖謬而已。

丁　唐至宋初的文字學

唐初還承六朝的遺風，武后時有字海一百卷，當亦殊叢之類。唐書紀武后造十二字，曌照，𠀑天，埊地，𡆠日，𡝩月，〇星，𠺞君，𢘑臣，𡕀載，𡔈初，𠡦年，𠙺正。此外還有圀國，𤯔人，𧗟證，𨲢聖，𥠢授等字。當時很盛行。其實天日等字是有所本的，後人不明隸古，就一律歸於武氏了。

唐代立書學博士，以三體石經，說文，字林，來教學生，也用以考試，但這是歷史的研究，那時人所苦的，是隸體的不定，所以學者多致力這一方面。唐初顏師古就作字樣，又有杜延業的羣書新定字樣，顏元孫有干祿字書，歐陽融有經典分毫正字。開元二十三年，玄宗撰開元文字音義，自序說：

古文字，唯說文，字林，最有品式。因備所遺缺，首定隸書，次存篆字，凡三百二十部，合為三十卷。

據林罕說隸體自此始定。後張參作五經文字，唐玄度作九經字樣，那專為經字的隸體而設。

在這時期裏，只有李陽冰是特出的。徐鉉等進說文表說：

唐大曆中李陽冰篆迹殊絕，獨冠古今。自云：斯翁之後，直至小生。此言為不妄矣。於是刊定說文，修正筆法，學者師慕篆籀中興。然頗排斥許氏，自為臆說。夫以師心之見，破先儒之祖述，豈聖人之意乎？今之為字學者，亦多從陽冰之新義，所謂貴耳賤目也。

林罕小說的序說：

唐將作少監李陽冰就許氏說文復加刊正，作三十卷，今之所行者是也。

李氏是許慎的後繼，二徐的前驅，那時傳寫說文者，皆非其人，錯亂遺脫，不可盡究，他由篆書家來刊定修正，於說文學的復興，不無功績，所以在宋以前很流行。但二徐都反對他，徐鍇的祛妄篇是專攻擊他的說法的。其實他所說也有長處，像：

木象木之形，木者五行之一，豈取象於艸乎。

日，古人正圓，像日形，其中一點，象烏。非口一，蓋籀方其外，引其點耳。

不能說是誣妄。

賈耽鎮滑州的時候，見李氏所篆漸驛記，歎其精絕，就命李氏的姪子騰集說文的目錄五百餘字刊石，名為說文字源，也叫做偏旁字源耽替他做序。

五代時蜀林罕据李陽冰重定說文，用隸書解於篆字下，名為集解。又撮取偏旁五百四十一字，作字原偏旁小說，手書刻石。郭忠恕說：

林氏說文字源唯有五百四十部，不部合收在子部，今目錄妄有更改。又集解中誤收去部在注中，今點檢偏旁，少晶、惢、至、龜、弦五字，故知林氏虛誕誤後進，其小說可焚。

又晁公武說：

……以說文部居隨字出文，以定偏旁，其說頗與許慎不同，而互有得失。郃必緣進禮記石經陛對，仁宗顧問罕之書如何？必曰：雖有所長而微好怪。說文歸字從𠂤，從止，從帚，以𠂤爲聲，罕云從追，於聲爲近，此長於許氏矣。說文哭從吅從獄省，罕乃云：象犬嗥，此怪也。有石刻在成都，公武嘗從數友就觀之，其解字殊可駭笑者，不疑好怪之論誠然。

可見林氏好怪，所以其書不能盛行。此外郭忠恕曾寫過一本小字說文字源，見[illegible]今不傳。夢瑛所寫的字源，錯誤很多。

五代時文字學者爲二徐，郭，林，四人。林氏承李陽冰一派，著[illegible]新說。郭氏有汗簡，佩觹，很博雜。只有二徐崇治說文。小徐作說文繫傳，說文韻譜，大徐和句中正等校定說文，都有功於說文之學。二徐攻擊陽冰，但他們對於形聲相從的條例，不很清楚，所以錯誤謬妄也不少。

這一個時期是文字學中興時代，李陽冰、徐鉉、徐鍇三人整理說文的功績，在文字學史上，是永遠不會被人忘記的。

戊　宋元人的文字學革新運動

宋以後，文字學定於一尊，要明文字源流，只有讀徐鉉等所校的說文了。說文裏的文字，大部分是形聲，許叔重只說從某聲，而沒有說為什麼從某聲，這是一個缺點。王安石於是作字說，自序說：

> 文者奇偶剛柔雜比以相承，如天地之文，故謂之文；字者始於一二而生生至於無窮，如母之字子，故謂之字。其聲之抑揚開塞合散出入，其形之橫從曲直邪正上下內外左右，皆有義，皆本於自然，非人私智所能為也。……余讀許慎說文而於書之義時有所悟，因序錄其說為二十卷，以與門人所推經義附之。惜乎先王之文缺已久，慎所記不具，又多舛，而以余之淺陋考之，且有所不合。……

他的書是用韵編次的，文字形體依說文，而解說多出杜撰，例如：

佮，非能自樂也，非能與衆樂樂也，為人所令而已。

戍，則操戈，役則執殳。並見甕牖閒評

把一切文字都歸於會意，這本是錯誤的，但因他在那時政治上的地位，主司用此取士，學子也不敢不習，所以曾盛行一時。唐昭作字說解一百二十卷，而陸佃羅願等所著的書裡也都引他的新說。反對他的人說他"操雜釋老，穿鑿破碎，聾瞽學者"，楊時作字說辨，攻擊最力。陸游跋說：

字說凡有數本，蓋先後之異，猶非定本也。葉適石林燕語曰：凡字不為無義，但古之制字，不專主義，或聲或形，其類不一。先王略別之，以為六書，而謂之小學者，自是專門一家之學，其微處遽未易盡通。又更篆隸，損益必多乖失。許慎之說文，但據東漢所存，以備旁類次，其造字之本，初未嘗深究也。王氏見字多有義，遂一槩以義取之，雖六書且不問矣，況所謂小學之專門者乎？是以每至於穿鑿附會，有一字析為三四文者，古書豈如是瑣碎哉？學者所以閧然起而交訧，誠不為無罪，然遂謂之皆無足取，則過也。而王氏終於不傳，他想比說文更深一層的工作，終於是失敗了。

同時王聖美創右文說，如水類，其左皆從水，所謂右文，如戔小也，水之小者曰淺，金之小者曰錢，貝之小者曰賤，皆以戔為義，（說詳夢溪筆談）但沒有成書，說亦未行。用這方法來解說形聲字，雖較王荊公為優，但右文的名稱，也是錯誤的。

由字說的反響，張有作復古編，專主說文，用以辨別俗字。南渡初，李燾作說文解字五音韻譜，這都還是墨守說文的。

但革新的運動，終於勃發。這種進步，是兩方面的，一方面是六書說的重新研究，另一方面則是銅器上古文字的發現本來，在宋初，所謂古文字，除了說文，只有汗簡一類的材料，夏竦古文四聲韻序說：

尚書正義曰：科斗書古文也。所謂倉頡本體，周所用之，以今所不識，是古人所為，故名古文。形多頭麤尾細，腹狀團圓，似水蟲之科斗也。漢書藝文志載孝經古孔氏一篇二十二章，學之者鮮矣。兩漢而下，蔡中郎刻石經，杜伯山得漆書古文尚書一卷，獨寶愛之。又汲郡安釐王冢壞得竹簡古文春秋書，壁亭者最精。晉魏以降，隸習殆絕。唐貞元中，李陽冰子開封令服之有家傳古孝經及漢衛宏官書兩部，合一卷，授之韓愈，愈識歸公，歸公好古能解之，因遺歸公。又有自項羽妾墓中得古文孝經，亦云渭上耕者所獲。其次有右補闕衛包，勅修三方記於雲臺觀，暨令閭刻窊罇銘於營道，及司馬天師漆書道德經上下篇幢，龍德中羅浮道士蜀山木重寫其本，藏之天台玉霄藏，暨宋有天下，四海會同，太學博士，周之宗正丞郭忠恕首編《汗簡》，究古文之根本，文館學士句中正刻《孝經》，字體精博，西臺李建中總貫此學，頗爲該洽，翰林少府監丞王惟恭寫讀古文，筆力尤善，殆今好事者傳識古文科斗字也。自適事先聖，亦備史官，祥符中郡國所上古器，多有科斗文字，深懼顧問不逮，以忝厥職，繇是師資先達，博訪遺逸，斷碑蠹簡，搜求殆徧，積年踰紀，篆籀方該，自嗟其勞，慮有散墜，遂集前後所獲古體文字，準《唐切韻》分爲四聲，庶令後學易於討閱。

對於那時所謂古文之學，敘述得很詳細，但除了古文經以外，材料實在是太貧乏了。夏竦本意是集録這些材料以備研究鐘鼎文字，但結果這些材料，大抵不能用。吾邱衍《學古編》說：

> 韻內所載字，多云某人集字，初無出處，不可憑信。且又不與三代款識相合，不若勿用。

熊朋來廣鐘鼎篆韻序說

于時器款未備，其間鐘鼎字文缺畧，頗泛取俗書以備奇字。

可見鐘鼎款識增多以後，這種材料就成爲筌蹄了。

鐘鼎款識既多，相互比較，就可以認出一部分的字。皇祐以後，像楊南仲、章友直、劉原父、蔡君謨等都好識鐘鼎文字，而以楊爲最，所釋多有根據。考古圖釋文引楊說很多。釋文說：

古文……其傳於今者，有古尚書、孝經、陳倉石鼓，及郭氏汗簡、夏氏集韻等書，尚可參攷。然以今所圖古器銘識考其文義，不獨與小篆有異，而有同是一器，同是一字，而筆畫多寡，偏旁位置，左右上下不一者。如伯百父敦之百字一作𦣻，一作百，寶字一作寚，一作寶，一作寶，蘄字一作蘄，一作蘄，叔高父簠蓋底皆有銘，其簠字一作𠤳，一作𥫱，晉姜鼎之作字，一作乍，一作乍，一作乍。其異器者，如彝、尊、壽、萬等字，器器筆畫皆有小異，乃知古字未必同文，至秦既有省改以就一律，故古文筆畫非小篆所能該也。然則古文有傳于今者，既可考其三四，其餘或以形象得之，如□為射，●為丁，□為壺，□為鬲，□為卑之類，或以義類得之，如□為□，□為□之類，或筆畫省於小篆，如隹作惟，立作位之類，或筆畫多於小篆，如□作□（小篆乃遹字），□作受，□作秦，□作郭之類，或左右反正，上下不同，如□□皆作永，福□皆作福，□□皆作善，□□皆作姬之類，有部居可別而音讀無傳者，如□作□，□作□之類，又可考其六七。

對於認識古文字的方法，說得非凡清楚，這確是文字學的一大進步，只可惜後來的學者，只會集篆籀，而不能在文字學的研究方面，再進一步。

六書的解釋和應用，自許叔重後，可稱絕學。唐裴務齊切韻於轉注創考字左迴，老字右轉之說，為鄭忠恕、徐鍇所駁斥。

徐鍇說文繫傳在上字注裡，對六書解釋很詳。但他並沒有把每一個字用六書來分析過，所以還只是些空洞的理論。

脫離說文部次的束縛，專由六書說去研究，創始於鄭樵。他曾做過一本象類書，玉海說：

象類書十一卷，論文字象類，謂獨體為文，合體為字，文有八象，字有六類，八象不至，則有假借之文，六類不及，則有假借之字。又論梵書三卷。

象類書今佚，在他所著的通志六書畧裡，開頭有一篇六書序說：

小學之義，第一當識子母之相生，第二當識文字之有間，象形指事，文也，會意諧聲轉注，字也，假借，文字俱也。象形指事一也，象形別出為指事，諧聲轉注一也，諧聲別出為轉注，二母為會意，一子一母為諧聲。六書也者，象形為本，形不可象，則屬諸事，事不可指，則屬諸意，意不可會，則屬諸聲，聲則無不諧矣。五不足而後叚借生焉。一曰象形，而象形之別有十種，有天物之形，有山川之形，有井邑之形，有屮木之形，有人物之形，有鳥獸之形，有蟲魚之形，有鬼物之形，有器用之形，有服飾之形，是象形也。推象形之類，則有象貌，象數，象位，象气，象聲，象屬，是六象也。與象形並生而統以象形。又有象形而兼諧聲者，則曰形兼聲；有象形而兼會意者，則曰形兼意。十形猶子姓也，六象猶適庶也，兼聲兼意猶姻婭也。二曰指事，指事之別，有兼諧聲者，則曰事兼聲；有兼象形者，則曰事兼形；有兼會意者，則曰事兼意。三曰會意，二母之合，有義無聲。四曰轉注，別聲與義，故有建類主義，亦有建類主聲，有互體別聲，亦有互體別義。五曰諧聲，母主形，子主聲者，諧聲之義也。然有子母同聲者，有母主聲者，有主聲不主義者，有子母互為聲者，有三體主聲者，有諧聲而兼會意者，則曰聲兼意。六曰叚借，不離音義，有同音借義，有借同音不借義，有協音借義，有借協音不借義，有因義借音，有因借而借，有語辭之借，有五音之借，有三詩之借，有十日之借，有十二辰之借，有方言之借。六書之道，備於此矣。臣舊有象類之書，極深研幾，盡制作之妙義。奈何小學不傳已久，見者不無疑駭。今取象類之義，約而歸於六書，使天下文字無所逃，而有目者可以盡曉。

又論子母篇說：

臣舊作象類書，總三百三十母為形之主，八百七十子為聲之主，合千二百文而成無窮之字。許氏作說文，定五百四十類為字之母，然母能生而子不能生，今說文誤以子為母者，二百一十類。且如說文有句類，生佝，生鉤；有𠧪類，生㮚，生粟；有半類，生胖，生叛；有菐類，生僕，生蹼。據拘當入手類，鉤當入金類，則句為虛設；㮚當入木類，粟當入米類，則卤為虛設；胖當入肉類，叛當入反類，則半為虛設；僕當入人類，瞨當入臣類，則業為虛設。蓋句也，卤也，半也，業也，皆子也，子不能生，是為虛設，此臣所以去其二百十，而取其三百三十也。

從這兩節裡，可以看見𧰼類書的大概了。他還做過一本六書證篇，六書略的論一二之所生說：

臣六書證篇，實本說文而作，凡許氏是者從之，非者違之。其同乎許氏者，因畫成文，文必有說，因文成字，字必有解。其異乎許氏者，每篇總文字之成，而證以六書之義，故曰六書證篇。然許氏多虛言，證篇惟實義，許氏所說多滯於死，證篇所說獨得其生。蓋許氏之義著於簡書，而不能離簡書，故謂之死，證篇之義，舍簡書之陳迹，能飛行走動，不拘一隅，故謂之生。今舉一二之義，為說文之首篇者，可以見矣。說文於一則曰：惟初太始，道立於一，造分天地，化成萬物。故於一之類，則生元，生天，生丕，生吏。然元從上，丕從地，吏從又，皆非一也。惟天從一。證篇於一則曰：一，數也。又象地之形。又象貫物之狀。在上為一，故生天生百，在中為貫，故生毌生毌，在下為地，故生旦生丕，為貫為地者無音，以無所麗，則復為一矣。是以無音。說文於二則曰：二，高也。此古文二，指事也。故於二之類，則生帝，生旁，生下。然帝本象形，旁則形兼聲，下非從上而與上偶。證篇於二上則曰：二二音貳，又音上，段上者為上，段下者為下，在物之中者，象編連之形，在物之上下者，象覆載之位。故於二則生竺，生齊，於上則生元，生帝，於下則生兩，生麗，於中則生冊，生再，於上下則生亟，生亘，在中在上下者無音，以自不能成體，必有所麗，是以無音。此臣所作證篇之旨也。

又在諧聲篇後說到他的六書證篇有二百七十六部，得諧聲字二萬一千三百四十一。

鄭氏在文字學革新運動裏的成績比王荆公好的多了。他雖排斥説文，但是所用的還是許慎的方法，以子之矛攻子之盾，不由人不相信，所以他的説法，後來擁有不少的信徒，大家紛紛去研究六書，清代説文學者，因他嘗毁許慎而不願意稱道他，但象形兼指事一類的説法，始終没有能跳出他的範圍。

如其把新的眼光重新估量一下，我們將見他所做的工作，雖大部分是失敗的，但並不是無意義的。説文裏對於六書，本没有明確的界説，現在經他把每一個字用六書來分析過，六書説的弱點和小篆的不足據，許氏的錯誤，都顯露出來了。他儘管彌縫，因而弄成許多可笑的説法，但他已經把有罅漏的地方，在無意中指給我們了。並且，公允的判斷者，一定會覺得在諧聲字方面，他所修正的分部方法，較之清代墨守許氏的一班説文學者高明的多吧。

這種學說流行得很快，元時有楊桓的六書統，戴侗的六書故，周伯琦的六書正譌，明初有趙撝謙的六書本義，大抵本於鄭氏。後來正統派的許學家對於這一類著作，很看不起。

戴侗的書共三十三卷，又六書通釋一卷。書内分九類，他說：

書始於契，契以紀數，故首數，次二天，次三地，次四人，次五動物，次六植物，次七工事，次八雜，次九疑。

單就這一點說，已經超出鄭氏之上，不像他那樣雜亂無章了。在九類裏面，又分出四百七十九目，其中一百八十八是文，四十五是疑文，二百四十五是字，文是母，字是子，所以只有文才是最原始的文字。他以爲指事象形是文，會意轉注諧聲是字，獨立爲文，判合爲字，文孳乳爲字，猶母生子，字再孳乳，猶子生孫。所以，照他的說法，就可把一切文字攝入二百多個指事象形文或疑文裏去了。他的學說很多錯誤，例如把反文認爲轉注。但系統的究密，是很可佩服的。

他於說文，在徐本外，兼采唐本蜀本。但他所下解釋，往往離去許氏，自出新意。又常用金文來作證，這是鄭樵所不及的。由宋以來，文字學上的改革，到他是集大成了。他的解釋，有些地方，實勝過說文。

(四)吾邱衍學古編對他的書很不滿意，說：

侗以鐘鼎文編此書，不知者多以為好，以其字字皆有，不若說文與今不同者多也。形古字今，雜亂無法。鐘鼎偏旁不能全有，却只以小篆足之。或一字兩法，人多不知。如𠂤本音衆，加宀不過為衆字，乃音作宮府之官；邨字不從寸木，乃書為村，引杜詩無村眺望賒為證；甚誤學者。許氏解字引經，漢時有篆隸，乃得其宜。今侗亦引經而不能精究經典古字，反以近世差誤等字引作證據，鐙、鐘、盤、鋸、豕，豕等字，以世俗字作鐘鼎文，卵字解尤為不典，六書到此，為一厄矣。

這是從篆刻家來的眼光來批評的。其實戴氏收來俗字，在目前看來，具眼光便得稱許，因為一般人把說文所沒有的字，全叫做俗字，是不對的。至於用金文配合小篆，雜亂今古，杜撰偏旁，卻都是書中的疵纇。

周伯琦有說文字原和六書正譌。字原把五百四十部首分十二章，疏六書於下。正譌是取字書中常用而疑似的二千多字，辨析本義，訂正傳寫之謬，而依韻編集的。周氏是鄭戴的後繼者，所以正譌序說：

張有次復古編，鄭樵作六書略，戴侗述六書故，莫不原於許氏，然張失之拘，鄭過于奇，戴病于雜。鄭樵言，許氏之書詳于象形諧聲，而昧於會意假借，其論至矣。數家之書，互有得失，綱領之正，鄭氏為優，會通而求之，六書之義，庶得其概矣。

可以看見他在文字學上的觀點。至於他的書裡並沒有什麼新的發明，只是推廣鄭戴的學說罷了。

在元初受鄭樵影響的還有楊桓，他和戴侗同時，但似乎沒有什麼關係。所著有六書統二十卷，六書溯源十二卷。戴氏書只用金文來改正小篆，楊氏卻更澈底，因為他同時受了杜從古集篆古文韻海的影響，所以他的書裡，

凡序一文一字，必先置古文大篆於首，以見文字之正，次序鐘鼎文於下，以見文字之有，次序小篆於下，以見文字之變。文簡而意足者莫善於古文大篆，惜其磨滅數少而不足於用，文字備用者莫過於小篆，而其間譌謬於後人之傳寫者，亦所不免，今以古文證之，悉復其故。

他推翻了以小篆為主的系統，是鄭戴所不敢做的，所以最受後世攻擊。其實小篆不是最古的文字，本是很顯然的事實，小篆為主的系統，雖不能兼攝比他古的文字。不過在楊氏時要推

翻牠却未免過早。因為那時古文字的材料太少，有些文字被人錯認，又有些材料是後人偽造的，不別時代，不知正誤，不明真偽，而要構造一个古文大篆的系統，當然只有攪成一團糟了。

楊氏書以六書分為六門，

一曰象形，其別有十，曰天文，曰地理，曰人品，曰宮室，曰衣服，曰器用，曰鳥獸，曰蟲魚，曰草木，曰怪異。二曰會意，其別一十有六，曰天運，曰地體，曰人體，曰人倫，曰人倫事，曰人品，曰人品事，曰數目，曰采色，曰宮室，曰衣服，曰飲食，曰器用，曰飛走，曰蟲魚，曰生植。三曰指事，其別有九，曰直指其事，曰以形指形，曰以意指意，曰以形指意，曰以意指形，曰以注指形，曰以注指意，曰以聲指形，曰以聲指意。四曰轉注，其別一十有八，曰天象，曰天運，曰地體，曰人體，曰人倫，曰人倫事，曰人品，曰人品事，曰數目，曰采色，曰宮室，曰衣服，曰飲食，曰器用，曰鳥獸，曰蟲魚，曰草木，曰怪異。五曰形聲，其別如轉注之數。總其聲則有四，曰本聲，曰諧聲，曰近聲，曰諧近聲。六曰假借，其別一十有四，曰聲義兼借，曰借聲不借義，曰借義不借聲，曰借諧聲兼義，曰借諧聲，曰借近聲兼義，曰借近聲，曰借諧近聲兼義，曰借諧近聲，曰因借而借，曰因省而借，曰借同形，曰借同體，曰非借而借。分類的猥雜，和錯誤（轉最誤），其說指實不足為訓。

趙撝謙是元末的宿儒，著六書本義十二卷，分三百六十部，其六書論，六書相生圖等，都源出鄭氏，可目為這派學說的後勁。

己　清代的文字學

明代的文字學最衰微，魏校的六書精蘊，不過雜衍楊桓的學說，楊慎的六書索隱，摭拾古文字而未備，趙宧光的說文長箋尤多荒謬。

明代無說文刊本，趙宧光、顧炎武等所見皆五音韻譜。自毛氏汲古閣重刊宋本說文，學者才看見鉉本。乾嘉以後，說文之學大盛，那時的學者，講經學大都推重鄭玄，談文字就信仰許慎，合稱為許鄭。王鳴盛說：

說文為天下第一種書，讀徧天下書不讀說文，猶不讀也，但能通說文，餘書皆未讀，不可謂非通儒也。——說文解字正義序

可以代表那時學者們狂熱的心理。關于說文的著作很多，最著的是段玉裁的注，桂馥的義證，嚴可均的校議，王筠的句讀和釋例等，雖都是專主許氏的一家之學，但在文字學方面，也不無貢獻。嚴可均尤多懸解，他說：

六書大例，偏旁移動，只是一字，左右上下，隨意配合。今乃皺分兩字，如：含，嗛也；吟，呻也；召，評也，叨，或饕字；咅，語相訶歫也；吉直言；吁，嘷也，句，曲也；嘆，噉嘆也，暮古，謨字；古故

也，叶或協字；謩忌也，諆欺也；叶卜以問疑也，占視兆問也，矅目多睛也，矔古觀字；檄冬桃，槃卓歷錄束交也；桑栩也，杼機之持緯者，枀篆文椉；槎識也，枅屋欂也，欂房室之疏也，櫳檻也，晤旦明也，暑熱也；盱晚也，旱不雨也，齋稷也，穧穫刈也；袉襽也，𡧊裛也；忠敬也，忡憂也；慨忼慨，恖古文悉字；恭肅也，烘戰慄也；怡和也，怠慢也；慔勉也，慕習也；惕懼也，愚戇也，悍勇也，悬古文姦字；忿恐也，怲憂也；𢻷亂也，怒恚也；衍水朝宗于海也，洐溝水行也；拱斂手也，拲或拱字；枇捽也，㭫積也；妃匹也，改女字也；蛾羅也，蟹或蠽字；若此之類，或因轉寫之誤，或沿古籀篆屢變，偶尔同形，許君不復省併。以余考之，其得一字數義，必可省併者，十有七八。然猶可諉曰說解不同也。至斷或作𣃔，李古作杍，怛或作悬，尤為變例，究此類將重文得補數萬，豈復許君之舊耶？又六書大例，省不省只是一字，今本既云省，仍分兩字。如貝母之莔，囧聲而曰明省，則不省即萌矣，漢堇省聲而云難省，則不省即灘矣。洞羅之洞，冒聲而云冥省，則不省即溟矣。堀閱之堀，屈聲，而云屈省聲，部末復添堀篆。縱從聲，復添從省之縱。若此之類，顯然改補。

這是别的許學家不能說的。

清代小學家大都喜歡研究金石學。桂馥本是金石家，嚴氏有鐵橋金石跋，對於金文尤有研究。段玉裁雖没有深邃的研究，但也曾用金文的「攸勒」來釋詩，因而說：

「許氏以後，三代器銘之見者日益多，學者摩挲研究，可以通古六書之條理，為六經輔翼。」

王筠更常用金文的字體來和說文比較。本来許慎在自序裡說到鼎彝其銘皆古文的話，所以研究銅器，可以說是許學的家法。近代古文字學的發展，也不能不歸功於這班做前導的許學家。

乾隆時許學正盛行，莊述祖卻想利用彝器文字來建設出一個古籀系統來代替說文。但是他所苦的還是材料太少，認識不足。並且他想把一切文字都推源于甲子等二十二字，這是一種玄想。

嚴氏說文翼未刊，莊氏說文古籀疏證一直到光緒時才刻。乾嘉以後，金文學雖極盛，但辨識文字方面，進步很少。陳慶鏞、龔自珍等所釋，往往穿鑿不經，只徐同柏、許瀚所識，較有根據。吳大澂作說文古籀補，古文字才有專書，他又有字說，頗有些很好的見解，像王字、考字、前字、人字、武字等字為文字的傳誤，二千年來沒有人說過，很可以壯古文字學的聲勢。但他不免蹈襲前人釋金文的方法，而有許多肊說。

小學家不能深通金文，而金文家不治小學，所以辨識古文字的方法和條理，沒有人去注意。和吳氏同時的孫詒讓，以小學家兼金文家，條理清晰，方法精密，前此未有，所著古籀拾遺、古籀餘論、契文舉例、名原等書，雖不免錯誤，但他所懸的，以商周文字展轉變易之迹，上推書契之初軌的鵠的，卻頗有一部分的成功。

庚 文字學史上的新時期

自殷虛甲骨發現後，中國文字學就到了一個新的時期。以前的學者治金文，只注意周器，周的文字和篆籀大致相近。周以前器文字本不很多，稍奇詭的象形字，就大都不以為文字，所以說文的系統沒有推翻。最先用金文來和說文比較，最後也不過像吳大澂把金文來補正說文罷了。但甲骨文字發現以後，這種觀念，大有變化，因為離開小篆很遠，象形象意的文字較多，使大家覺得小篆為主的系統不用再去維持，許學最後的壁壘也被衝破了。孫詒讓的名原是這個時期的先驅有些自命為正統派的學者，眼看着他要祧許慎而祖倉頡，不禁義憤填胸，出而抵抗，於是有人說甲骨是假造的，銅器是靠不住的，也有一反許學的家法，說這種文字，不足為證。這種反抗的議論雖不少，但事實勝於雄辯，文字學將有極大的變革，已成為現代一般人的普遍觀念了。

繼孫氏後，有功於古文字的人，是羅振玉和王國維。羅氏的殷虛書契考釋，開闢了研究卜辭和文字的新路，可惜方法太不謹嚴，開後來許多流弊。王氏的史學研究，提高了卜辭的聲價，文字方面，也頗有發明。

羅王以後，研究卜辭文字的人很多，最著的葉玉森，所識雖多，大抵穿鑿附會，不可信據。他說「契討三千年上之殘餘文字，若射覆然，焉能必中」，正是他最忠實的供狀。研究學問，沒有方法而只去猜謎，猜中且不必論，猜不中豈不誤盡蒼生。這種猜謎的惡例既開，人人都可以識甲骨文字，末流便至於肆無忌憚，這實是古文字學進步中的一大厄。

和羅王同時的林義光著文源十二卷，專用金文來訂正說文、金文所沒有的，仍用小篆。解釋方面，有可取，但大部是肊說。他的書是用六書分類的，一、全體象形，二、連延象形，三、分理象形，四、表象象形，五、殽列象形，六、表象指事，七、殽列指事，八、形變指事，九、會意，十、轉注兼形聲，十一、二重形聲，詳見所附六書通議，支離瑣碎，無可取，但他所駁正許說的，很切當，在那時候，不失為豪傑之士。

卒　結論

由周至漢，是文字學的初始時期，魏晉以後，日漸衰微，唐至宋初為中興時期，宋元為草創時期，明代又衰落，清代重振，就開出一個時期。吳大澂孫詒讓是這時期的先驅，羅振玉王國維是這時期的後繼，四家中以孫氏方法為最精密，但還拘攣於經學，泥迹於六書之說，所以要亦大成，尚有待於將來。

中編

一　中國文字的起源

甲　語言的起源

文字是代表語言的，所以語言文字的關係異常密切，我們要研究文字的起原，當然得追究到語言的起原。但是語言起源最難研究，在有史以前的荒古時代，早已有了很複雜的語言，我們又何從探討無言到有言的經過呢？所以關於這問題只能推測一些或然的大概罷了。

有的學者說人類是經過無言時代的，但所謂無言，指狹義的語言而言。人類本由動物進化，動物已有傳達意見的呼號聲，那末人類自始就有語言，不過不是完備的語言，嚴格分別起來，就不算是語言了。

那種原始的廣義的語言，即人類和其他動物相近時的語言，我們可以分為本能的和學習的兩種。本能的是些簡單的呼聲；當身體上某部分受刺激後自然發出來的，凡用以表示高興，滿足，喜愛，企求，失望，悲慟，憤怒，驚駭，畏懼，奇異等情感的聲音，大都是元音。由學習而來的，是摹仿其他動物以及自然界的各種聲音。像水的澌澌，犬的熊熊，牛的牟，羊的芈之類。

許多動物已有家庭和社會，所以有些同羣共喻的語言，在最原始的人類裏已經有了。統率者和被統率者間，一定有很豐富的語彙，至少有許多動作的字，如飲食住行等。

原始語言，數量大概不很少，但不能算做完備的語言，因為他們的智識還没有發達。在人類知識發達的時候，也正是工業藝術等發達的時期，是人和動物的分界。人類知識的發達，能把事物分析，較前精密，例如在形體上能分出大，小，方，圓，長，短，闊，狹，高，低，厚，薄等不同，在數目上能分析一二三四，以至更多的數目，這種真確的認識，促進人類的文化，同時，新的語言也產生了，——這些語言，大概由口的擬勢，和聲的強弱長短而產生的，由這種語言來傳播各種新知識，語言愈積愈多，文化也愈進愈高。

那時候，在說話時感覺到困難的，是許多實物的名稱，除了一部分實物，可以用摹仿聲音的方法外，無法可施，於是假借的方法就出來了。語言裡假借的方法，一直到現在還通行着，正像我們說湯圓藥粉煤油一樣，古人把頭頂叫做頂，顛或定，因而有山顛、樹顛，又因而有頭頂上的天，把低下叫做低，於是有樹的根柢，有腳的稱止，腳下的地，和地祇，這方法盛行以後，無論何物，都可有新的名稱，而語言才可完全表現一切事物了。

語言完備以後，隨着時代而發達，在每一種文化裡面產生出許多專門術語，而普通語裡面也常有新陳代謝，所以各地域的語言都不一致，隔絕愈久的，就完全不同。

抽象語的起源較遲，像親戚、顏色、方向、萬物等，都是文化很高以後才有的，所以許多較原始的民族，這類語言是很缺乏的。但我們不能說這些不是完備的語言，因為這種差異，只是文化高低的反映罷了。

乙 中國原始語言的推測

語言的起源，遠在文字以前，當文字創始時，已經夠複雜了。語言的本身，沒有法子保存下來，但文字方面，我們還可考見一些概略，我們由文字裡，也還可以窺見古代語言的形態。

不過，不幸的很，中國文字雖有聲符，而注音方法，很不嚴密，每個字的聲音，隨時代地域而有變異，所以我們儘可以認識許多古字，可不容易知道牠們在古代的讀法，這在研究古代語的時候，將感覺到很大的困難。

但我們還有些方法可以推考古代的讀法，例如同一聲母的字，古讀應該相同，和摹仿聲音的字，讀音應和所仿者相近，同一語根的字，讀音應差不多之類。

在這裡，有一點是我們應特別注意的，就是中國語言的特點。誰都知道中國語是一種孤立語，這種語言的特徵，和她的文字有密切的關係。

有些學者想把中國原始語和文字發生後的語言隔開，他們以為中國語之所以為孤立語，是受文字的影響。他們不但主張原始語和近古以來的語言不同，並且假定早期的文字的讀法，有些還有兩個以上的音節。

筆者對此不能贊同。中國語言，與其說受文字的影響，不如說文字受牠的影響。我以為中國古代語的單語，大都是單音的，兩音節的較少，三音節的更少，到四音節以上，幾可說沒有，我們可以由古書和甲骨金文來證明的。（人名有四字的，但分屬於氏和名。）惟其如此，造文字的人，才使一個字只代表一個音。因為一個單語，至多不過用兩三字來代表，不見什麼不便，他們就不費心去造代表兩音以上的專字了。

所以許多兩音節以上的單語，古人就沒有替他們造字，只隨便借些同音字組合一下就行了。譬如鳥名的倉庚，就是很好的例子。但艸名的茉莒，虫名的蟋蟀，已給後人添了艸和虫旁，變成專字，（這種字往往拆開來，不能單獨成義。）這是錯誤的。

學者想把古文字讀出兩個以上的音節，更是大錯。無論詩湯裡韻文格律的謹嚴，可顯示每個字的單音，即以聯綿字說，假如一個字可代表兩個以上的音節，何必又寫成倉庚，茉莒等兩個字呢？楚人謂虎為於菟，是方言，鬬穀於菟仍寫於菟兩字，不是寫一虎字而讀做於菟。吳人自稱為攻吳，都寫作兩字，別國人稱她為邗，是攻吳的合音，就只寫一字了。可見一字只代表一音，決沒有讀兩音以上的事實。（合體字自是例外。）

中國語還有一種習慣，意義雖有延展，而語不變，像日月和今日今月的日月是一樣的。也有聲調稍變化，像食物，飲食，和推食食我的食之類。這種習慣，也影響到文字，所以同音異義的字，特多。

總之，原始中國語，單音字多，同音異義字多，有聲調的變化，而沒有接頭接尾等形式的變化。這種孤立語的性質，決定了方塊式的中國文字。有些人歌頌拼音文字的好處，忽略了形聲文字的優點，往往歸咎於我們祖先的入了歧途，他們不知道中國語和雅利安語等根本不是一條路，我們的祖先，只是走其必須走的路而已。

丙　文字是怎樣產生的

說到中國文字的起源，一般人就會聯想到上古結繩而治。結繩記事，在原始部落裏很習見，不過古代中國是否有過這個時期，和這種記事法是否在文字產生以前，是無法證明的。因為作這樣說法的，最早是莊子胠篋和繫辭，都是戰國時書，那時人喜歡把推想中的文化演進史，當做真實的歷史，庖犧，神農，燧人，有巢等，大都是那時人所擬議以代表某種文化的，所以可信的成分很少。

即使古代中國有過結繩的事情，也和文字的發生沒有直接關係，因為這只是幫助記憶的符號罷了。但八卦的起源，往往和文字起源聯繫在一起，卻很像有直接關係。在漢以前，還沒有這種說法，許慎在說文序裏，推文字的起源，說到庖犧的作八卦，於是就成了常見的議論了。坎卦作☵和小篆的水（在偏旁裏水有作☵形的。）正同，這是許多小學家所樂於稱道的，但其他各卦就不能這樣湊巧了。坤字在漢碑裏作𡿭川等形，周易音義說坤本又作巛，毛居正、鄭樵就說是☷卦的直寫了。火字小篆作火，也有人說是離卦的☲，而天字艸書作乏，也被附會做乾卦的☰了。但震艮巽兌無論如何也是附會不上的。

這種砑附會的人，不知道商周的古文，和篆隸真艸大有不同，稍通古文字的人，對這種怪說，只有付諸一笑，所可注意的，僅是八卦和文字究竟有沒有關聯罷了。我以為八卦的本身，是巫術和筭術混合的東西，所以筮字從巫，而筭和筭實在是一個字。（詳下篇）牠的起源，雖難詳考，但既叫做周易，八卦的名義，就未必是周以前的舊觀。卦的基礎是爻，拿奇數的一來代表陽，偶數的--來代表陰，所以八卦的名義是隨爻的陰陽剛柔等錯綜而成，☰有剛健的意思，☷有柔順的意思，震☳，坎☵，艮☶，均近於剛，☴巽，離☲，兌☱，均近於柔。定八卦名義的人，實是一個巫術哲學家，他把奇偶的卦畫，看出許多抽象的意義，（至於坎水，離火等說法，更是後起，坎離何嘗不是日月呢？）這個人一定產生在哲學文學等已很發達的時代，距離創造文字的時期，至少也在千年以上了。（呂覽勿躬說：「巫咸作筮。」這也是筮取起於巫的証據。）

除了結繩畫卦之外，也有人主張河圖洛書是文字之源的，但這只是春秋以後的傳說，我們無從去詳究了。倉頡作書，也是戰國時最流行的傳說，荀卿獨說：「好書者衆矣，而倉頡獨傳者壹也。」大概他是不信文字由倉頡創造的，他的態度是對的。倉頡這個人的有無，不必深求。文字的產生，決不是一人所能包辦的。但漢以後的學者大都繼承傳統的學說更進一步的，索性把六書也歸之於倉頡所手定。這一類說法無疑地足以阻礙文字學的進步。

文字的產生，本是很自然的。舊石器時代的人類，已經有很精美的繪畫，大都是動物和人像，這已是文字的前驅。畫一隻鹿或象，別人看見了就認識，就得到和文字一樣的效用了。但還不能稱為文字。因為這種繪畫，只能抒寫美感，而不能完全表現出作者的意思，假使畫一個較長的故事而讓十個人去解釋，也許會有十種說法的。不過在那時候，除了藝術外，別的文化還不很高，所以這種繪畫並沒有進步而變為繪畫文字。經過了很長的時期，人類由狩獵生活而進為農業畜牧生活，一般文化均有很大的進步，而繪畫雕刻等藝術卻反退步了。但繪畫技術雖退步，範圍則較前為廣，一切可以摹寫的事物，都做了畫材。當這時候，國家產生了。一切文化均受激刺而有更速的進步，因之產生了文字。文字的本質是圖畫，所代表的是語言，國家生產後，許多部落的語言，逐漸同化，每一圖形，漸有標準的讀法，於是可以描寫許多圖形來記載一件故事，而這記載是可誦讀的，就成為文字了。

繪畫和繪畫文字，除了可誦讀與否的一點外，簡直不能區別。不過時代稍後，繪畫和文字，分歧較久，差別就顯著了。但文字雖獨立，一時不能脫離繪畫，所以每一個字的寫法無定，因為各個畫家的技術不同，性情各異，點畫偏旁，增減變化，毫無標準，只要所描寫的對象大致不錯，就夠了。

文字的前身是繪畫，繪畫是以各種事物為對象的。有些學者想把文字的起源一元化，說一畫是文字的起源，像鄭樵的起一成文圖，因文成象圖之類，也有些學者想把文字的點畫，分析做若干單位，以為每個單位表示一種意義，像點的象水形之類，其實只是些美妙的幻想而已。

由六書的說法，在文字起源的時候，有一種指事文字，說文舉上下二字為例，有些人又說一字是指事，指事產生在象形之前。不知指事的分出是不必的，一字是象形，二二是象意，這種文字和牛羊馬豕日月山川的圖形，是無從分先後的。

總之，文字起源於繪畫，到統一的國家出現後，和語言結合，就產生了可誦讀的真正文字。文字的產生，由於自然的趨勢，而不是一兩個人所能創造的。

丁　文字產生的時期

中國文字在什麼時候產生，是一個牽涉很廣且饒有興味的問題。世本說「倉頡作書」，司馬遷、班固、韋誕、宋忠、傅玄都說倉頡是黃帝的史官，（見書序正義）說文序也用此說。呂覽勿躬「史皇作圖」，淮南脩務說「史皇產而能書」。「書」大概是畫的誤字，但高誘卻把史皇附會到倉頡身上。（他不知道在呂覽裏「倉頡作書」和「史皇作圖」完全兩事。淮南大氐襲呂覽，本篇又說「倉頡作書」，即出君守，可見皇、頡決非一人。又崔瑗、曹植、蔡邕、索靖，都說是古之王也。徐整說在神農黃帝之間，譙周說在炎帝之世，衛氏說當在庖犧、蒼帝之世，慎到說在庖犧之前，張揖說蒼頡為帝王，生於禪通之紀，並見禮序正義這種異說，大概多出東漢以後，慎到說是假託的。作這種說法的，也許受淮南的影響，不過最大的原因，還是對於黃帝史官的覺得不滿足。管子封禪說管仲所記古時封太山的十二家，有無懷氏、虙羲、神農、炎帝、黃帝等，也是主張文字起於庖犧前的人所常稱引的。

禪通疏訖等紀，以及庖犧、神農，都是戰國後人所做的假史，不足置信，就是黃帝史官一說，也沒有確鑿的證據。所以關于文字起源的時期，在這種現成史料裡是找不出來的。幸而此外，我們還有兩個方法，可以推考出大略相近的時代。

第一，從文字的本身說，我們能得到大批材料的，是商代的文字，這裡大部分是甲骨卜辭，和銅器銘文，卜辭大概是殷庚以後的作品，器銘只有極少數的，可確定為商末，有些文字的寫法，雖顯然較卜辭為早，但不能考其確實的時代，商代文裡還保存着很多的圖繪文字，所以一般人常懷一種膚淺的見解，以為那時離文字的起源很近，許多字形沒有固定。這種說法的最大錯誤，由於忽畧了形聲文字。卜辭裡有很多形聲文字，銅器裡我們可以把集佫𣪘做一個例子，一個集字還保存

集佫咎乍父癸

寶隮彝

圖繪文字的作風，而咎，寶，隮，彝，四字，已都是形聲字了。形聲字

的產生，遠比圖繪文字為遲是文字史上的通例，我們把有形聲以後的文字稱為近古期，以前是上古期，那末，商代文字已屬於近古期離文字起源已很遼遠了。

像我在殷契佚存序裡說過的，安特生甘肅考古記裡面所載的辛店期陶器上有些他所謂花紋或圖案，實是一種較古的文字。如下圖所載除丙圖的人形而有衣裳較為奇特外，

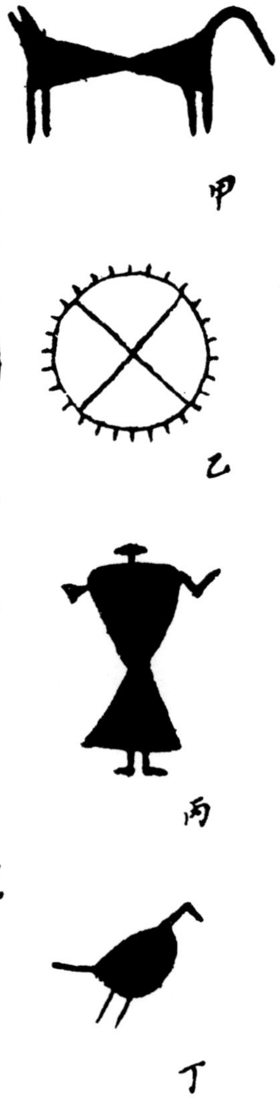

第二圖　采自甘肅考古記第五圖

甲圖的馬形，示面向後方僅見雙耳；乙圖象齒輪，丁圖象鳥形，在商代金文中，頗有類似的文字。第三圖甲的馬形，與彝器上的極似，所不同的，只是四足和兩足；乙的輪形，較此甚簡單；鳥形

在商時多作一足，但也有作兩足的。

第三圖　甲 馬幸父辛𣪘 叟卣，下叟父癸爵 乙 中𣪘 丙 上矢白

由上面所比較，已能證明陶甕所繪確是文字。第四圖裡

第四圖　甘肅考古記第三版第二圖縮小

犬和羊，尤其可以加強我們的信念。犬字作𤜣，對於頭部寫法

的省略，正是中國古文字的特點。羊形在圖中不全，疑當作即蒐的本字。

據安特生的假定，辛店期離現在大概有四千五百年左右。這時期的文字所知道的只有這些，當然還不夠做什麼研究，但大體上我們已能斷定牠們和商周文字是同一系統。這時期裡或許還沒有形聲文字，而商代文字裡早已有了。我們假定形聲文字的產生在三千五百年至四千年以前，那末，中國文字的起源總在六—七千年前吧！

第二，由歷史方面說，歷史是文字很完備以後才產生的。中國的上古史，雖還沒有完好的記載，但我們有理由說從孔誕前千五百年左右，（距今約四千年）已進了歷史的時期。卜辭裡所記先公先王，由王亥到示癸，正在夏時。古本紀年，世本，史記對夏商兩代，有世系年數和史事的記載，商代的先公先王，一部分已可證實，那末夏系同時的歷史，也可以相信了。古代神話，到夏以後狠衰微，而詳細的歷史傳說卻起自夏。彝器刻辭裏稱述禹的功績，孔子稱述堯舜和禹，孟子述堯舜到孔子的年數，有些夏代文化在周世還保存着，（如夏時之類）。夏都可以證明由夏代起已有歷史了。

商初的唐（即湯）和伊尹的伊字，已都是形聲字，夏初的稷和咎繇（或作皋陶）也都是形聲字。以地名說，像清雝等州名，汅（即河字）淮等水名，窮斟等國名，也都是形聲字。那末，夏初也許已有形聲字了，形聲字的起源，或者還在歷史之前吧。

在夏初的記述裏，可以保存着夏以前數百年的傳說，那些較古的兩（關于）昊諸帝時代的傳說，正同舊約一樣，決不是完全子虛的。據左傳說，太昊的官名用龍，少昊用鳥，黃帝用雲，炎帝用火，共工用水。又少昊的官有鳳鳥，玄鳥，伯趙，青鳥，丹鳥，和祝鳩，鴡鳩，鳲鳩，爽鳩，鶻鳩等五鳩，以及五雉，九扈。其中爽鳩氏所住的地方，是後來的齊，可證明這些傳說是有根據的。但這些官氏的名称最初恐怕是圖形文字，鳳鳥氏畫一個鳳形，玄鳥氏畫一個燕形，爽鳩假如是鷹的話，就畫一個鷹形，現在的名稱是經過後人翻譯的。

由歷史的考察，我們也可以假定形聲文字的產生，約在四千年前，和從文字發展方面推測是一致的。

二　文字的構成

甲　三書

關於文字構成的說法，舊時只有「六書」。這種學說，起源於應用六國文字和小篆的時期，所解釋的只是那時的文字，離開文字創始的時期太遠，所以對於文字的分析，並不精確。而且像「六始」的兼有風，雅，頌，和比，興，賦一樣，指事，象形，會意，形聲，是四種文字的名稱，而轉注，假借，卻是文字應用時的方法，這種混淆，很容易教人誤會。

但是這樣粗疏的理論，竟支配了二千多年的文字學，沒有一個人敢逾越牠的範圍。有些學者把文字精密分析後，知道六書說是不夠說明的，但他們沒有想打倒這傳統的舊觀念，反而自己歐絲來加重牠的縛束，於是象形兼指事，會意兼形聲等，繁碎的條目，使人望而生畏，而文字的性質，愈解釋愈不明白。有些研究文字的人，更不懂得六書的真義，像把轉注認為一種文字之類。

總之，六書說的缺點，第一是不精密，我們不能把牠來分析一切文字，第二是不清晰，我們很難知道牠們確實的定義。這種學說是早應當廢棄的。在往時，古文字的材料太少，而且學者們大都有泥古癖，所以沒有人想去改革，但在現代古文字材料如此豐富的時期，我們還不能建設一個新的較完備的系統來替代舊說嗎？

我把中國文字分析為三種，名為三書。第一是象形文字第二是象意文字，這兩種是屬於上古期的圖繪文字。第三是形聲文字，是屬於近古期的聲符文字。這三種文字的分類，可以包括盡一切中國文字，不歸於形，必歸於義，不歸於意，必歸於聲。

象形文字是畫出一個物體，叫人一見能認識，這是代表什麼。見馬形名之為馬，見牛形名之為牛，名與實合，所以我把牠叫做「名」。象意文字不僅畫出一個物體，而是由物形的變易增損，或綜合兩個以上的物形，來表示某種狀態，可以由讀者去意會的，物相雜之謂文，所以我把牠叫做「文」。形聲文字以有聲符為特點，字者孳乳而生，所以我把牠叫做「字」。這三者間的界限是很容易分的，象形象意和形聲的區別，是後者的有了聲符，而不屬於象形和形聲的字，必然是象意字了。

用三書來解釋中國文字的構造，是最簡便，而且是最合理的。但比之六書說，還少了一種，那就是指事。指事的定義很含混，介於象形象意之間，大概古人覺得有一類象形字，沒有實物可指，例如數目的一，或形體的□○（方圓等），又有些獨體象意字，前人不能歸入會意，（因為止戈為武，人言為信，定義很狹。）就不能不別立一個指事。用現在的眼光看來，只是一個贅疣。

一個學者，假如自命為衛道家，或許學正宗，這種說法，當然會被目為離經叛道，或者依戀舊說，不能自拔，當然也不能接受這個新說。但如果要尋求真理，要確實地明白文字的構造和演變，那就非用三書說不可，因為在革新文字學的進行中，這是第一塊的基石。

乙　原始文字

過去有許多學者，在《說文》裏尋找原始文字，由唐以來，就把五百四十個部首叫做「字原」，一直到現在，還有許多人把部首當做文字學的綱領，這是可笑的錯誤。許君說：「倉頡之初作書，蓋依類象形，故謂之文，其後形聲相益，故謂之字，」象形字首出，形聲字後起，本很清楚。但他的分類法很粗，凡有從牠為形的字，都可逹為部首，不管牠是象形字或形聲字。所以，這些部首，本不能代表原始文字。

原始文字這個名詞的意義很含混，可以假解說做每個文字的原始狀態，或原始時代的文字，我們現在所習用的，和初文的意義相近，指最早的文字的母而言，很有些像言語學裡面的語根。

追求字源，或許比語根容易些，但也有很多難解決的困難。現有的古文字材料，幾乎完全是近古期的，要研究上古期文字，就感到沒有直接材料的困難。近古期的較早部分，一殷商系和西周早期的文字裡，還可以看出一些上古文字的遺蹟，但這當然是殘缺不全的史料了。

在近古期裡，時代愈早，象形象意的文字愈多，而形聲文字絕少，時代一遲，就成為反比例，這種現象顯示着形聲文字的起源很遲，在上古文字裡只有象形和象意。

如果我們把文字分類，就可把許多同形體的象意字，隸屬於一個象形文下面，這是較直捷的辦法。如果要把圖繪文字裏每一個單體，不拘是象形或象意找出來定為字源，這就困難了。但如果有成績，是可以和語根的研究相結合的。

總之，原始文字還在探討的時期，隨便找些文字來定為『初文』，在文字學上是不能成立的。

丙 象形

文字的起源是繪畫，既如前面所說，那末學者間所分析的象形文字前的文字畫，是不需要的。假如我們把近乎圖畫的文字，屏除在真正文字之外，那就無異於把石器時代的人類，屏除在真正人類之外。因為許多銅器的文字，是近乎圖形的，甲骨文字也是如此。前人給說文裏較遲的象形文所囿，而卜辭還沒有發現，所以誤把這種較古的圖畫文字，當做圖形而非文字。在現在還要維持這種說法是不可能的，至多只能在銅器銘辭裡找出幾個較難認識的文字吧了。

只要對古文字有常識而沒有偏見的人，一定會相信 就是 刀字， 就是廿 止字。并且更會相信，要明白文字的原始意義，大部分憑藉這些較古的材料。這種材料雖則所缺很多，但有許多字的歷史是比較很完備的。

由這些歷史裡，可以知道，所謂象形文字，不是有一定寫法的。因為這是由圖畫蛻化來的，在圖畫裡，不管用工筆或寫意，均以描寫出物體為主，初期的文字，也正這樣，只要和所象的形近似就完成了使命，至於用什麼技術或方法，是可不問的。所以● 丁字可以只畫一個匡廓作○，○ 日字可以加一點作⊙，黽字有時畫做 黽父乙觶 有時畫做 䵹鼎 萬字有時畫做 萬觶 有時畫做 ，萬爵 筆畫多少是沒有規律的； 伯㐭 㐭字可以畫成 ，葡亶集古錄（原作解鼎）魚鼎 後者是用點來組成的； 可以畫作㇏，龜可以畫做 ，龜父丙鼎 也可以畫做 ，卜辭 去畫那側面；由這些變化裡，我們可以說象形文字注重在全體上，象某實物的形，使人一望而知，但不在筆畫的繁簡，而且也沒有固定的結構。一般人看慣了已經凝定的篆體，見到這種流動的狀態，難免駭怪，不知這正是象形文字的特性。既說「依類象形」，魚當然得象魚，鳥當然得象鳥，那末，各人就有各人的畫法，當然是不能一致的。

在前面我所下象形的定義，是畫出一個實物的形體。在舊時六書說裡，象形的範圍還要廣泛得多，只有純象形字才是現在所說的象形，「複體象形」「象形兼指事」「象形兼會意」之類，是應併入象意字的，而「象形兼形聲」是應併入形聲字的。又舊時的指事字裡面，有一部分實在是象形字，不過所象的是抽象的觀念而不是實物。這種字裡象□○是象方圓的形狀，但沒有實物可指。

數目字的起源很難明瞭，我以為由手勢衍成，一，二，三，亖，是代表一指到四指，五字本作㐅，六字本作∧，七字本作十，八字本作八，代表兩指交錯成的姿勢，五七是一組，兩指相交，一側一正，六八是一組，六指頭相接，八分開，九字作九，象手臂形；十字作丨，豎一指形，廿，卅，卌，作∪，ㄩ，Ш，象豎二指至四指形。根古的契裡已有了這種象形，像安特生在甘肅所發現的骨契圖五裡似乎有兩組記數法，一種是刻齒的方法，一種所刻是八

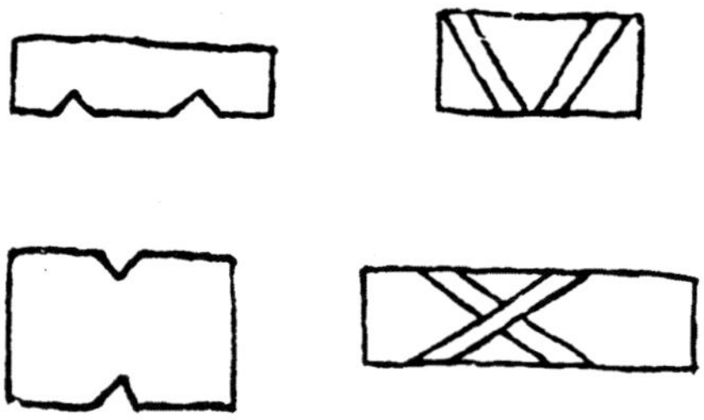

圖五　甘肅仰韶期骨契　出西寧縣周家寨　采甘肅考古記第三圖

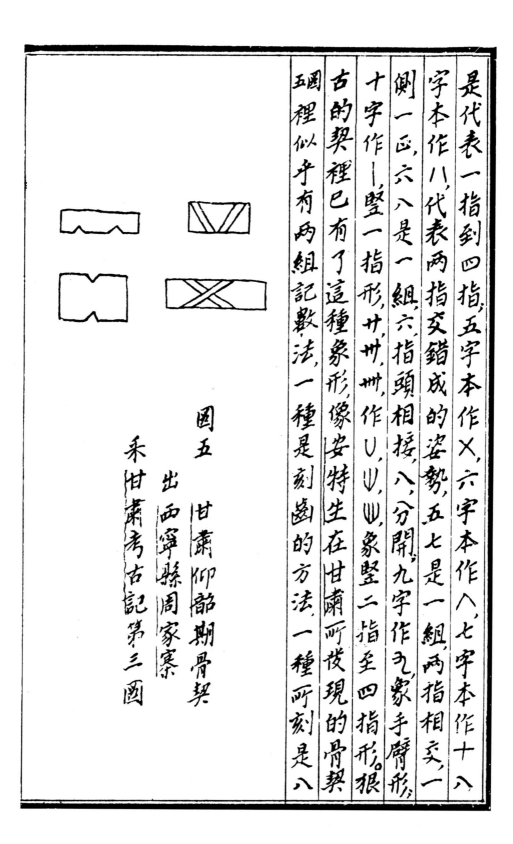

和五字。又殷虛所出卜骨，在骨端凹側，常有一㐅字，和卜辭無關，也有作㐅字的，（圖六）大概是記數用的。董作賓氏曾提出一個冊六說，以為六龜一冊，現在知道六是入之誤。卜辭六入均可作∧。但這五字，也不像卜辭歸檔時所刻，或者修治卜用骨後，工人用以記

圖六甲

北京大學藏骨

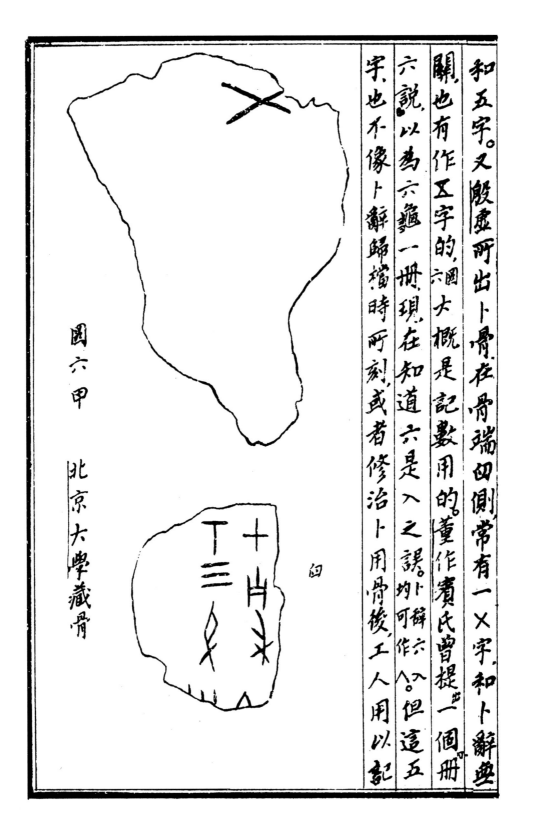

改訂本正訛

九葉下（本書頁三三二）三行	後來李氏《古器物銘》說當爲趙氏《古器物銘》說
十葉上（本書頁三三三）十四行	洛陽韓墓應爲洛陽金村
十四葉上（本書頁三四一）十四行	《殷虛書契續編》應爲《殷虛書契後編》

圖版

圖版目録

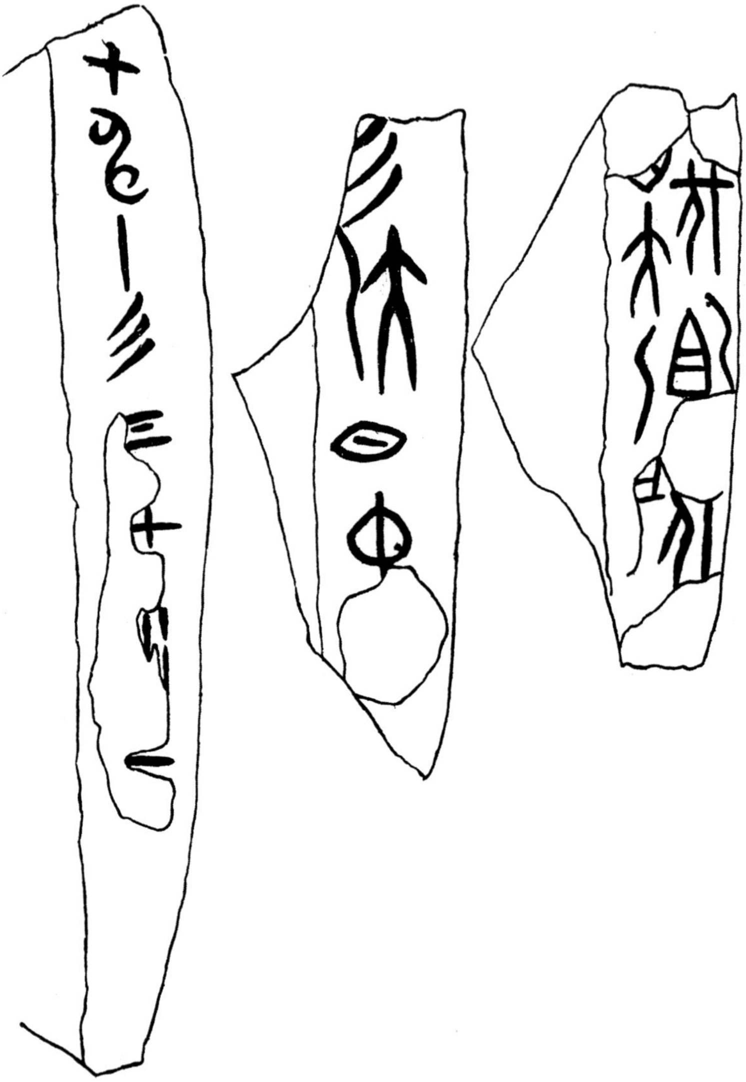

圖一甲　安陽出土的寫卜辭未刻骨版

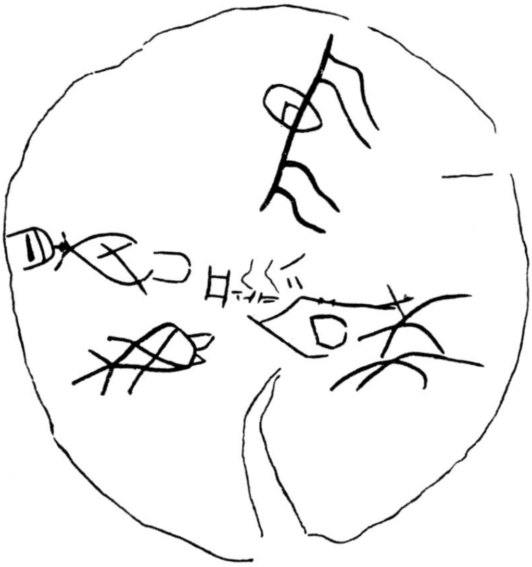

A

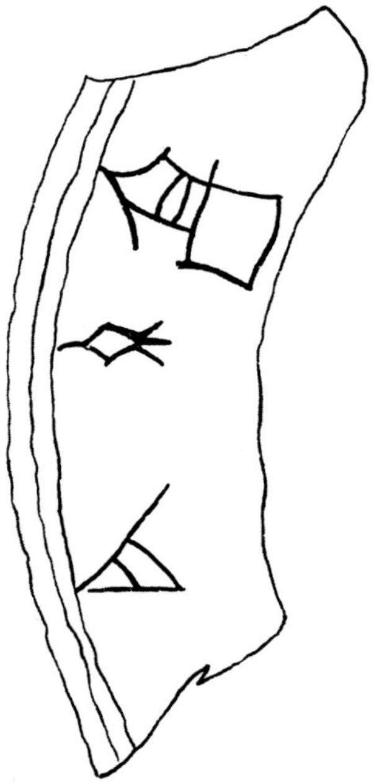

B

圖一乙　**陶器上的文字**

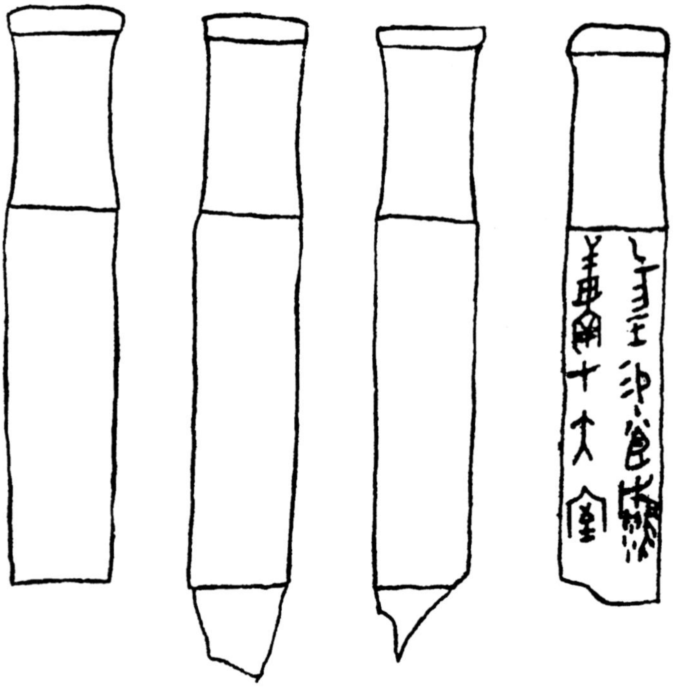

圖二　玉上的文字

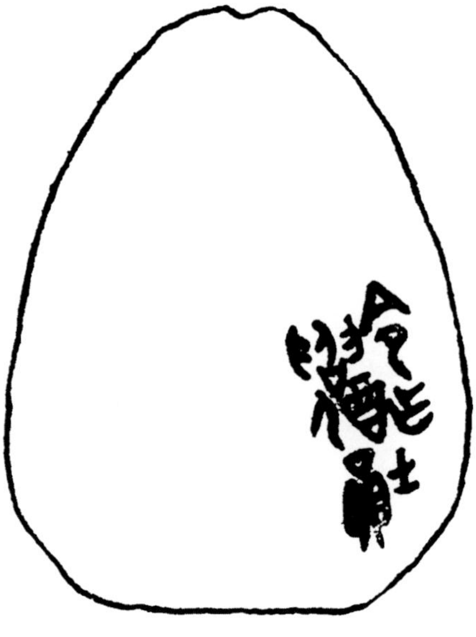

圖三　土墳

A

圖四　**玉刀柲上的文字**

B

圖四　玉刀柲上的文字

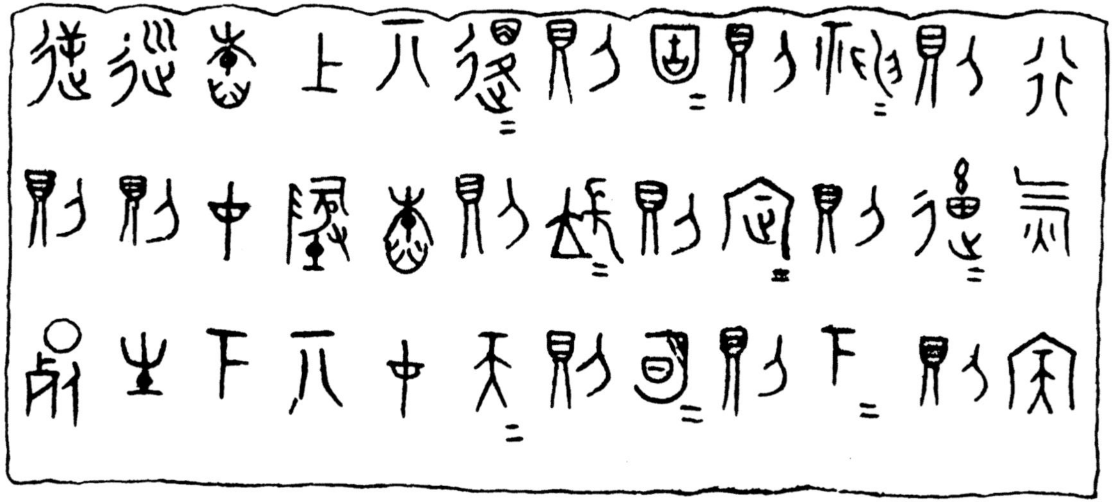

C

圖四　玉刀柲上的文字

A

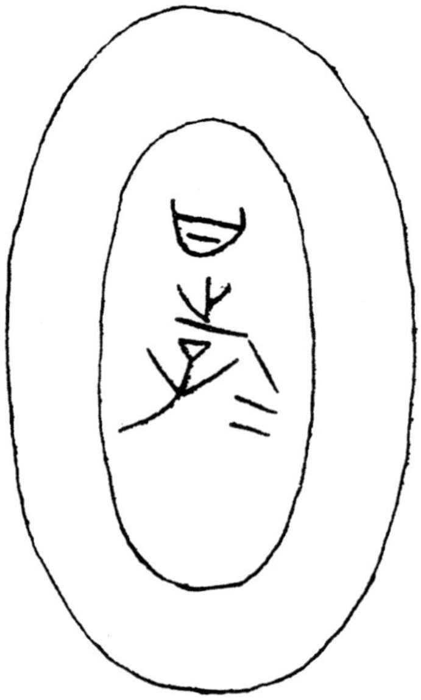

B

圖五　**銀器上的文字**

圖六　周景王時的古錢

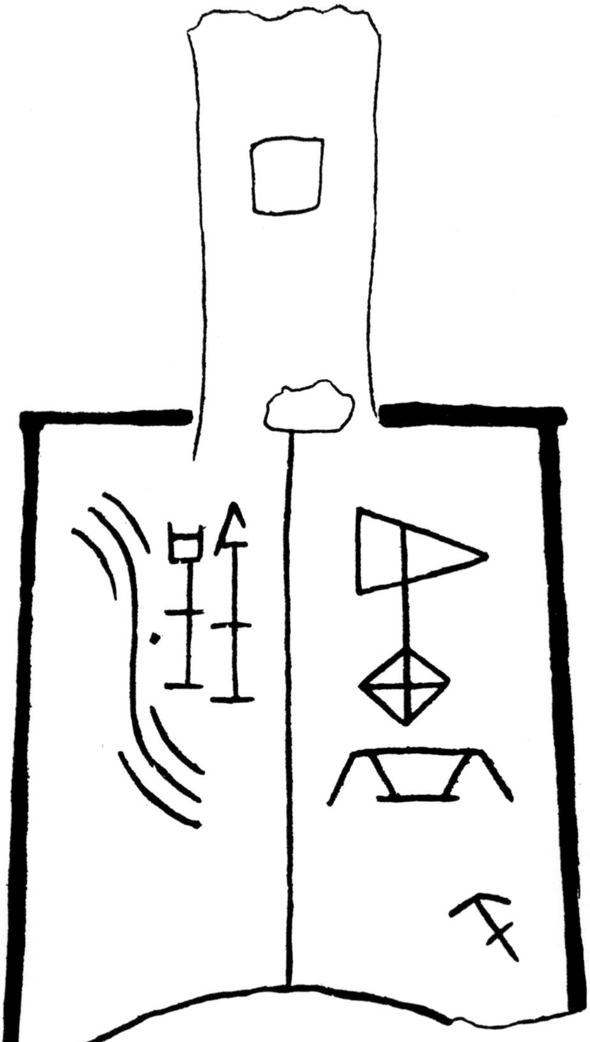

圖七　空首布

A

圖八甲　**蟲書（王子徳匜）**

B

C

圖八甲　**蟲書**（王子徥匜）

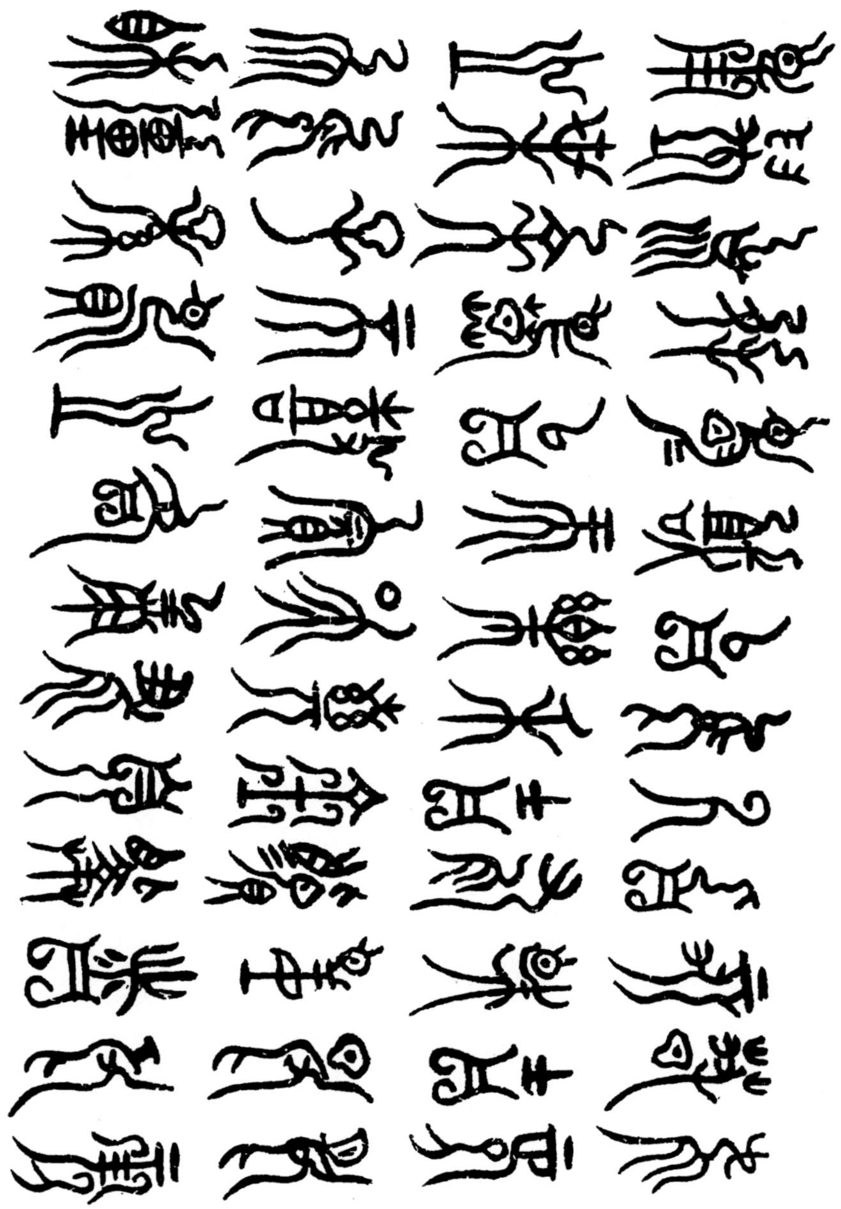

圖八乙　蟲書

引自《薛氏鐘鼎彝器款識》卷一　商鐘三

A

圖八丙　**蟲書（玄鏐戈）**

B

圖八丙　**蟲書（玄鏐戈）**

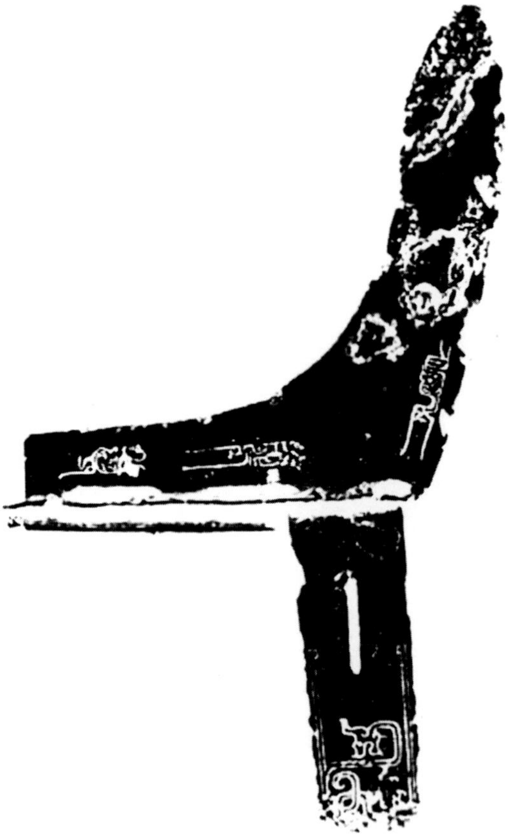

A

圖八丁　**蟲書（自□用戈）**

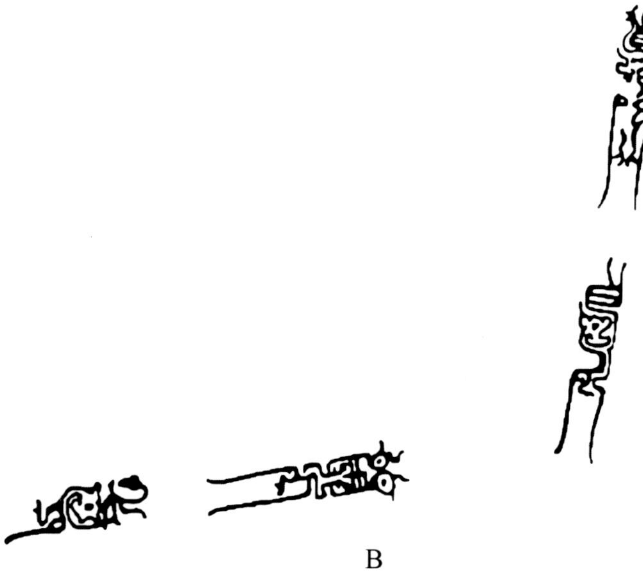

B

圖八丁　**蟲書**（自口用戈）

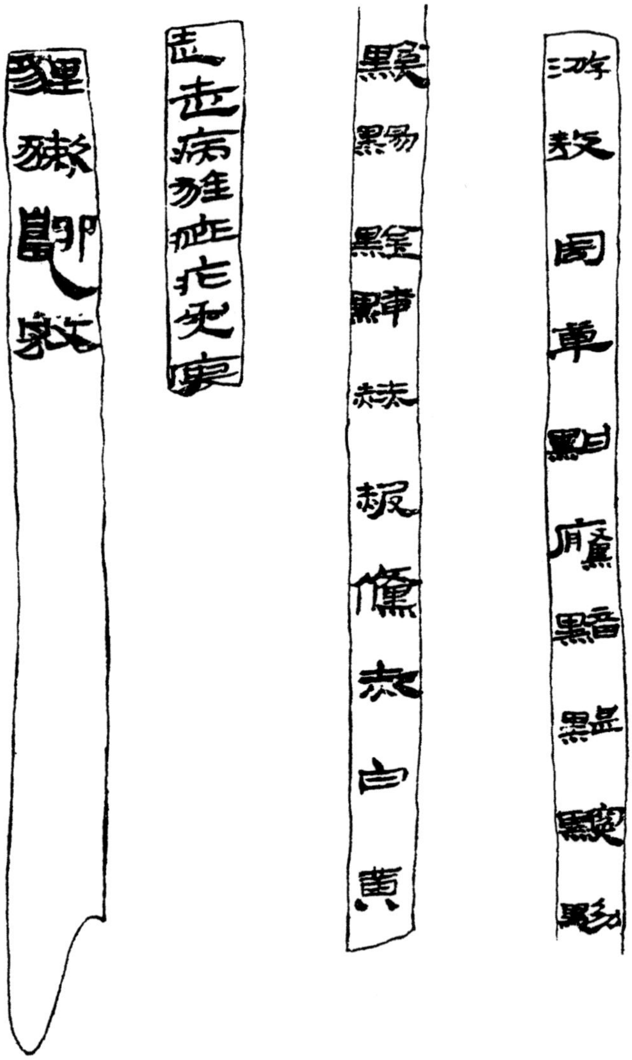

引自《流沙墜簡》一、一

圖九　隸書（漢簡）

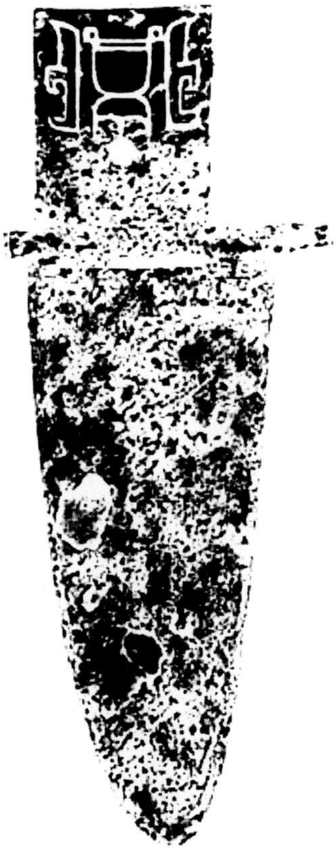

A

圖十　**𠫑戈銘文（𠫑句兵）**

B

C

圖十　**甗戈銘文（甗句兵）**

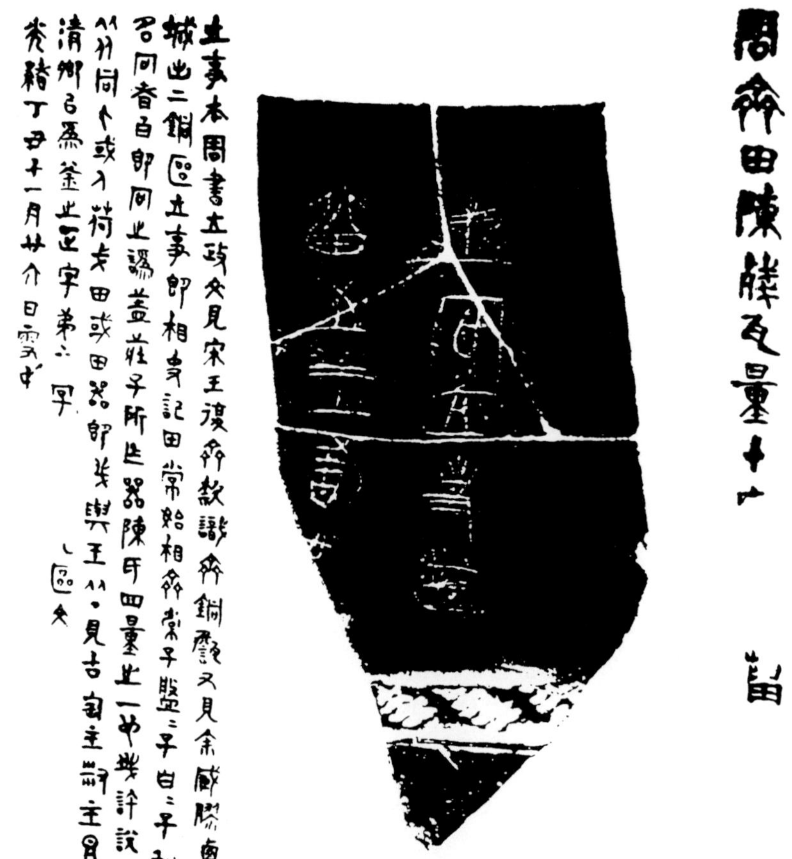

圖十一　陳向匋銘文

A

圖十二甲　**戰國時兵器（陳子戈）**

B

圖十二甲　**戰國時兵器（陳子戈）**

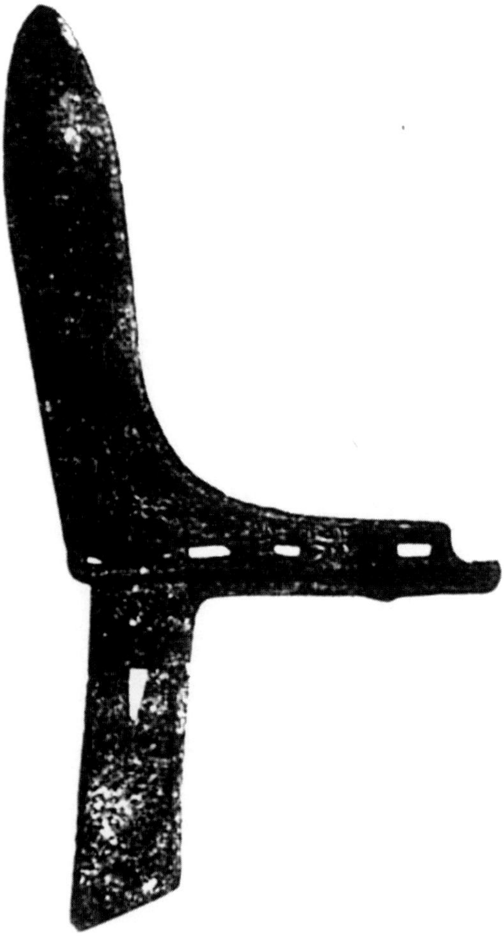

A

圖十二乙　**戰國時兵器（陳子戟）**

B

圖十二乙　**戰國時兵器（陳子戟）**

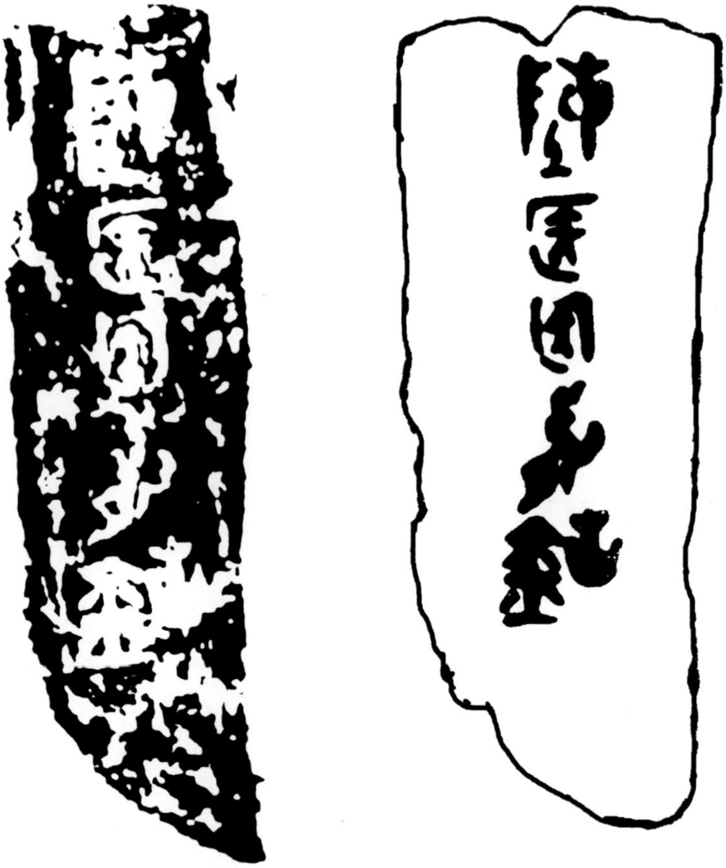

A　　B

圖十二丙　**戰國時兵器（陳侯戟）**

圖十三　黿義伯鼎銘文

A

圖十四　保侃母壺

B

圖十四　保侃母壺銘文

（全圖）

（局部）

圖十五　父戊□盤

圖十六甲　亞𠑹盤（全圖）

圖十六乙　亞㲋盤（銘文）

（全圖）

（摹本）

圖十七　**黽盤**

圖十八甲　乍弄鳥壺（器形）

圖十八乙　乍弄鳥壺（銘文）

圖十九　**武丁時龜甲卜辭（一）**

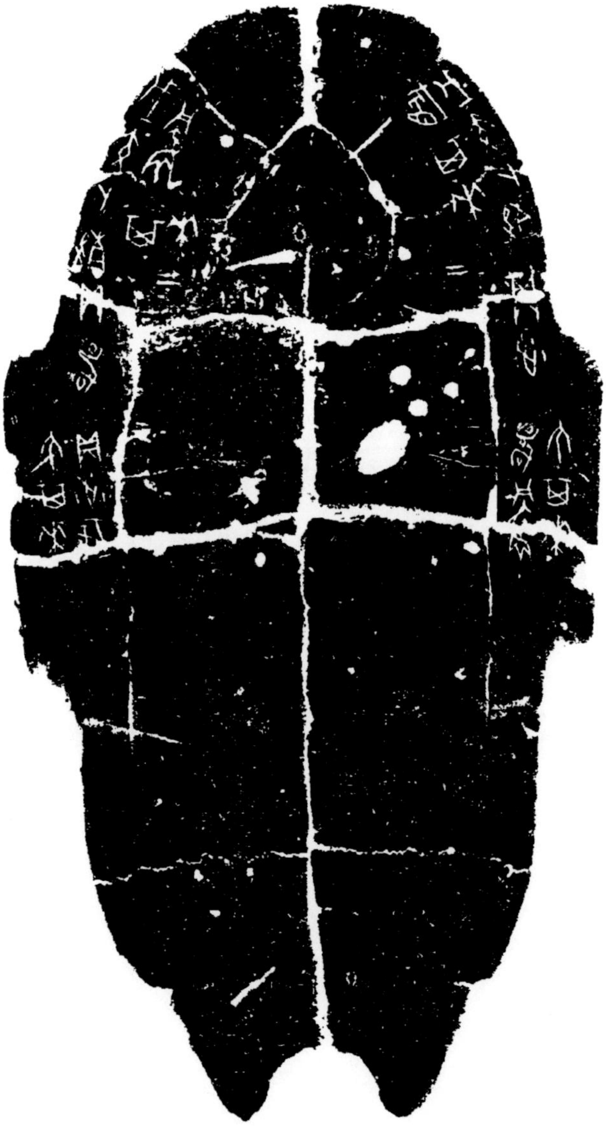

圖二十　**武丁時龜甲卜辭（二）**

圖二十一甲　**克盨蓋圖**

圖二十一乙　**克盨蓋拓本**

第三版跋

很慚愧，這本小册子，要印第三版了。這本書寫於一九三四—一九三五年，本來是在北京大學的講義，後來匆匆地把它公開發行了。在自敍裏曾希望在再版前，修訂書中的錯誤，但是將近三十年了，還不能踐這個宿諾。至於原敍裏所説唐氏古文字學七書的其它六書的完成，就更爲遥遠了。

我改行已經十多年，但還時常有人要我談談古文字學，有的學術機關要重印這本小册子作爲參考書，一九五七年曾重印過一次，才隔了六年，又要重印了。這本書裏顯然有一些錯誤的地方，在文字的發生與發展的方面，在創造新文字的方面，我現在的看法，已有很多不同，但由於付印匆促，來不及改了。好在這本書的主要部分，研究古文字的方法，我自己覺得還没有多大錯誤。用歷史發展的觀點來研究古文字，是這本書和其它著作不同之點。一九四八年夏天，我曾想補上一段，要用批判的精神來研究古文字，稿成未發，今天看來，又得重寫了。因此，這次付印，還是存其舊貌。希望兩三年内印第四版時，能儘可能改一下。

一九六三年三月一日　唐　蘭

出版附記

《古文字學導論》是唐蘭同志四十多年前在北京大學教學時用的講義，一九三四年手寫石印，除隨堂發給學生外，曾加印了一百部，由來薰閣書店公開發行。一九六三年中央黨校曆史教研室作爲教材影印，由作者加了一篇跋，並在書前加《武丁時期龜甲卜辭》及《克盨蓋銘文》圖版。現在齊魯書社據講義本重新影印出版，圖十至十八，皆爲補齊，一九六三年本所加之跋及圖版亦收入。另外，作者在一九三六年秋曾作改訂本，惜寫至五十二頁而中止，今亦一並收入書中。

中國古文字研究已有一兩千年的歷史，但很少理論性的著作，唐蘭同志這部書是空前的，在今天仍很有用。現將這部書輯成這樣一個完整的本子出版，希望對古文字學研究的發展和提高起一定的作用。

一九七九年六月　張政烺

整理説明

本書有過四個本子：

一、講義本，一九三四年唐先生爲北京大學開設古文字學課程，其手寫講義稿由北京大學出版組石印。有插圖九幅（圖十至圖十八有目無圖），一九三五年十二月由來薰閣書店出版發行。

二、油印本，一九五七年中國科學院歷史研究所根據講義本請抄手抄寫油印。有《自敍》和《目録》，上下編各有《正譌》，無圖。

三、高級黨校本，一九六三年六月中共中央高級黨校據講義本影印。書前新加三幅插圖，書後有先生寫的《跋》，《上編正譌》移到《下編》正文後、《下編正譌》之前。

四、齊魯書社增訂本，一九八一年經先生的學生張政烺和李榮兩位先生的校訂，將原本上下編和一九三六年寫的改訂本合在一起，改訂本係唐先生後來寫的講義，共五十二頁，没有寫完，除堂上發給學生外，没有發表過。全書圖版增至二十七幅，後附一九七九年張先生所作《出版附記》。

唐先生遺稿裏夾有李榮先生一九七九年六月一日寫的《古文字學導論新版説明》手稿，提到講義本「下篇第廿九葉下（本書頁一九八）第九行頂上有向左的箭頭，第十行頂上有向右的箭頭，表示第九行和第十行的位置應該對調。又第三十葉上（本書頁一九九）第四行第二字和第三字邊上有位置對調記號」。還提到一九三六年改訂本「五十二葉下（本書頁四一〇）書眉有作者鋼筆批語，是中篇第二章丁節到癸節的題目，轉録如下：丁、文字的三類　戊、象意文字　己、文字進化的三方面　庚、怎樣會有聲符　辛、近古文字的形成　壬、形聲文字　癸、由古代文字到近代文

［字］……癸節題目中『古代文字』也許是『近古文字』的筆誤」。

齊魯書社增訂本整理精詳，是最爲完備的本子。本次重印，其中《古文字學導論總目録》《第三版跋》《改訂本目録》《改訂本正譌》《出版附記》等重新排録繁體字版，其餘内容全部影印增訂本並去掉原頁眉、頁碼，以放大字體出版。

此次整理將大部分圖片改换成更清晰的圖版，並增補了若干，重編了《圖版目録》。

（劉　雨）

附：

爲更清晰呈現唐蘭先生手稿原貌，本書影印部分均去掉原頁眉、頁碼，將字體放大出版。同時爲不影響讀者閲讀，現將影印部分《上編正譌》《下編正譌》中涉及的原頁碼與本書新頁碼對應關係附録如下。

上編正譌

十一葉下爲本書頁五二。

十二葉上爲本書頁五三。

二十四葉上爲本書頁七七。

三十七葉下爲本書頁一〇四。

四十二葉下爲本書頁一一四。

四十五葉上爲本書頁一一九。

下編正譌

十八葉上爲本書頁一七五。

廿八葉下爲本書頁一九六。
廿九葉上爲本書頁一九七。
三十葉上爲本書頁一九九。
四十葉上爲本書頁二一九。
四十二葉上爲本書頁二二三。
四十八葉下爲本書頁二三六。
五十一葉下爲本書頁二四二。